ガザの悲劇は終わっていない

パレスチナ・イスラエル社会に残した傷痕

土井 敏邦

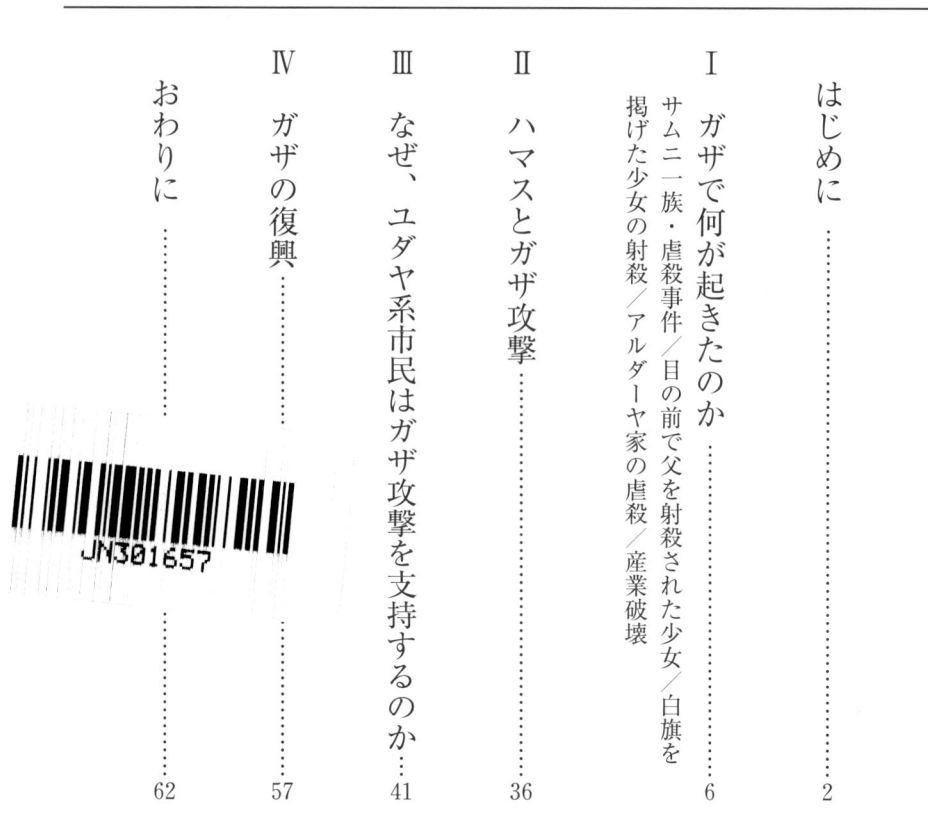

岩波ブックレット No. 762

はじめに

「血にまみれた状況だ。私が暮らすブレイジ難民キャンプも二日前に空爆された。五発のミサイルが撃ち込まれて家々が破壊され、五人が殺害され、四〇人以上が負傷した。一発は私の家から五〇ｍほど離れた家だった。私はその現場を目撃し、動転した。子どもは爆弾の破片で引き裂かれ、小さな身体から出た血が壁に飛び散っていた。肉親を失った家族が泣き叫んでいた。それは凄まじい光景だった」

二〇〇九年一月一〇日、私がエルサレム入りした翌々日、空爆下のガザ地区から、パレスチナ人の友人が電話でそう伝えてきた。

二〇〇八年一二月二七日、イスラエル軍は前例のない大規模な空爆を開始した。一週間後の一月三日には地上侵攻に踏み切り、パレスチナ人の犠牲者数はいっそう増大した。一月一七日の戦闘終結までの三週間における死者一四一七人、うち一般住民九二六人、中でも三一三人は一八歳未満の子ども。戦闘終結からほぼ二カ月後、ガザ市の「パレスチナ人権センター（ＰＣＨＲ）」が発表した犠牲者の数である。負傷者は五〇〇〇人を超えるという。

イスラエル側は「ハマスによるロケット弾攻撃への報復」と主張した。しかしイスラエルの有力紙『ハアレツ』は攻撃開始の翌日、このガザ攻撃が実は、その六カ月前から極秘裏に準備されてきたことを暴露した。「長期にわたる準備、慎重な情報収集、極秘の協議、作戦上の偽情報による世論誘導操作」などさまざまな工作がされていたというのである。その記事によれば、バラク国防相（当時）が今回の軍事作戦の準備を命じたのは、エジプトの仲介によるハマスとの停戦合意交渉を始めたばかりのときだった。その指令は、ガザ地区で活動するすべての武装組織の活動拠点、関連施設を突き止める情報収集活動を開始せよというものだったという。

攻撃を命じたオルメルト暫定首相は、「我われは平穏を望んだが、相手はテロで応じた」と語ったが、停戦期間中、ロケット弾攻撃をほとんど控えていたハマスが攻撃を再開するきっかけを作ったのはイスラエル側だったと国際人権団体も指摘している（『朝日新聞』〇九年一月一七日朝刊参照）。停戦終了期限の一カ月半前の一一月四日、イスラエル軍はガザ地区南部に侵攻して、ハマスの戦闘員六人を殺害した。その報復として、直後から、ハマスはロケット弾攻撃を再開する。イスラエル側はこのハマスの攻撃再開を意図的に誘発し、今回のガザ攻撃の名目作りをしたのではないかという見方は少なくない。

一方、イスラエル国内では、「長年引き続くハマスのロケット弾攻撃に、ついに堪忍袋《かんにんぶくろ》の緒が切れて、ハマスへの報復のために大々的なガザ攻撃に踏み切った」という政府の言い分がそのまま国民の間に浸透した。それは攻撃開始から約一〇日後の世論調査で、ユダヤ系市民の九四％がガザ攻撃を支持しているという結果に象徴的に現れた。実際、イスラエルの街で市民の声を訊《き》いても、世論調査の通り、「ハマスがロケット弾で攻撃してきたから、攻撃は当然」という声が圧倒的に多い。つまり、「ハマスのロケット弾攻撃」から問題が始まるのである。

しかし、今回のガザ攻撃の背景を見るには、少なくとも二〇〇五年夏の「ユダヤ人入植地とイスラエル軍のガザ地区からの撤退」までさかのぼる必要がある。

二〇〇四年一二月、当時のシャロン首相は、ガザ地区からの入植地撤退を宣言する。約八〇〇〇人のユダヤ人入植者を守るために投入されるイスラエル軍の経費が国家財政にとって大きな負担だったことが主な要因だといわれる。翌年八月、退去を拒否する入植者たちを軍と警察が強制退去させる映像は世界のメディアで大々的に伝えられ、「イスラエルは和平のために大きな犠牲を払っている」というイメージを世界に印象づけた。シャロン首相も直後の国連演説で、「イスラエルはパレスチナとの紛争を終らせるために痛みを伴う譲歩をする意思があることを証明した」と、「平和を求める指導者」像を世界にアピールした。

しかし、パレスチナ社会のオピニオン・リーダーの一人で「パレスチナ人権センター」代表のラジ・スラーニは、この撤退劇の真の狙いを見抜いていた。「シャロン首相はこれによって「かわいそうな入植者たちを強制退去させてまで平和を求める政治家」という自己イメージを手に入れた」とラジは指摘した。「しかし、ガザ地区の〝占領〟はこれまで通り続けます。入植地撤退後も、ガザ地区の社会的・経済的な窒息状態は明らかです。ガザ地区はヨルダン川西岸から分断され、外の世界からも孤立させられる。イスラエルが海も空も陸の境界もコントロールするからです」

このラジの予言は的中した。イスラエルが撤退した半年後の二〇〇六年一月、パレスチナの評議会選挙でハマスが勝利し、ハマス主導の政府が誕生すると、イスラエルはガザ地区の封鎖の強化に踏み切り、欧米諸国も「ハマスを選んだ〝懲罰〟」としてこれに同調した。

このハマス勝利の最大の要因はファタハ主導の自治政府の腐敗だったが、イスラエル側の一方的なガザ撤退をハマスが「自分たちの抵抗運動の成果」と宣伝し、住民に受け入れられたことも大きな要因と指摘する声もある。

このイスラエルによる封鎖政策は、二〇〇七年六月、ファタハとの内部紛争に勝利したハマスがガザ地区を実効支配するとさらに厳しくなり、住民は食料や生活物資の入手さえ困難になった。だが、封鎖の強化による生活苦が住民を「ハマス離れ」させるというイスラエルの思惑は外れた。その理由を先のラジ・スラーニはこう説明する。

「急進派はどのように生み出されるだろうか。もし人が抑圧され、日々の生活が不安な状態になり、ひどい貧困や空腹に追いやられたら、これこそが急進派にとって最高の環境となる。この封鎖という経済的な窒息状態は、住民に急進派を支持させ、ハマスに〝燃料を注ぐ〟ための素晴らしい環境となっているのです」

封鎖に対する不満と怒りは、それを強いる〝占領者〟イスラエルへと向かい、「ロケット弾攻撃は、その〝占領〟に対する聖戦」というハマス武装組織の主張がガザの民衆に広く受け入れられるようになる。それはまた、武力によるハマスの強権的な統治への民衆の不満と恐怖が表面化しにくい空気をも生み出した。

そういう状況の中で起こったのが、二〇〇八年一二月のイスラエル軍のガザ攻撃だったのである。

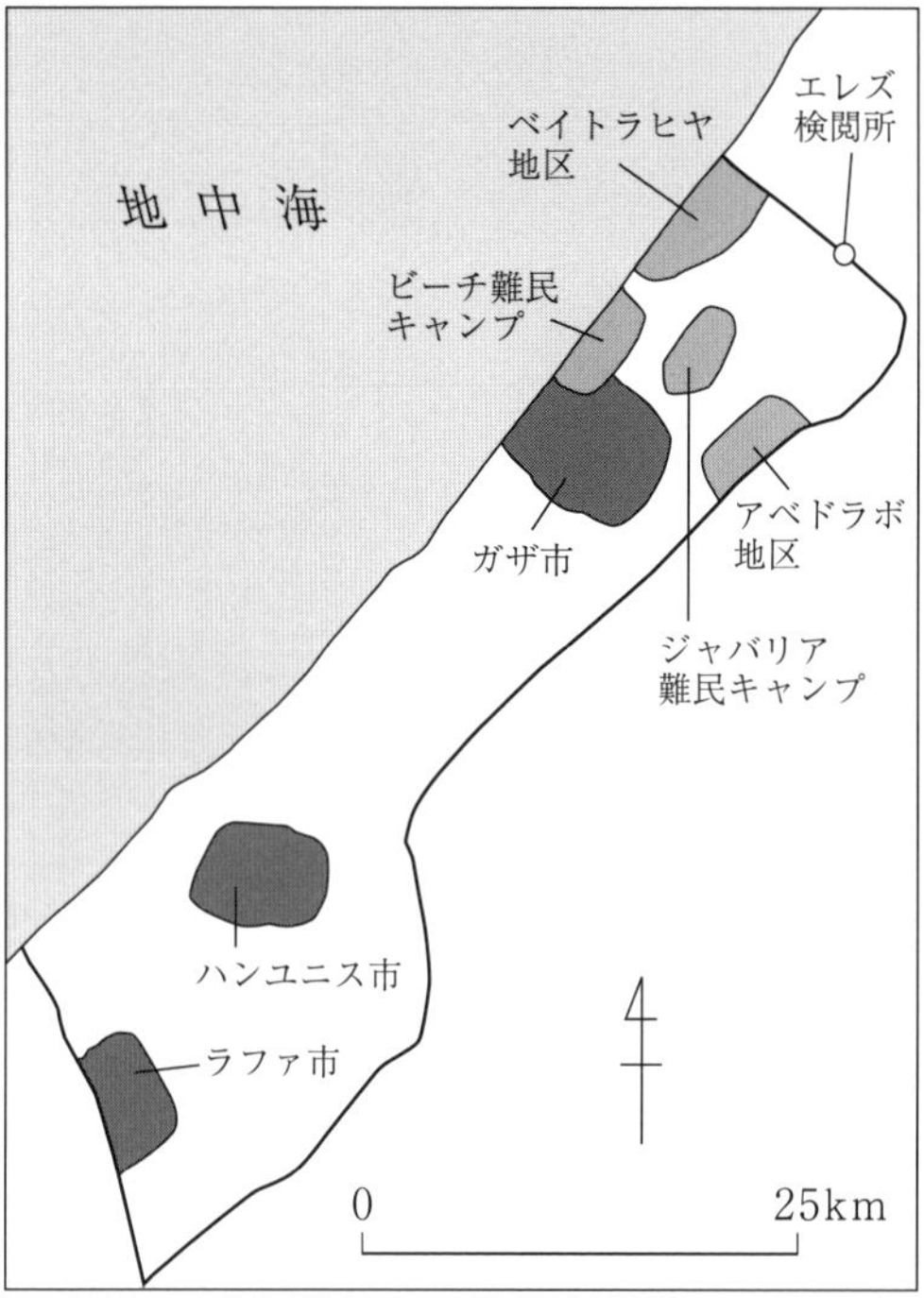

地 中 海
エレズ
検閲所
ベイトラヒヤ
地区
ビーチ難民
キャンプ
ガザ市
アベドラボ
地区
ジャバリア
難民キャンプ
ハンユニス市
ラファ市
0
25km

ガザ地区

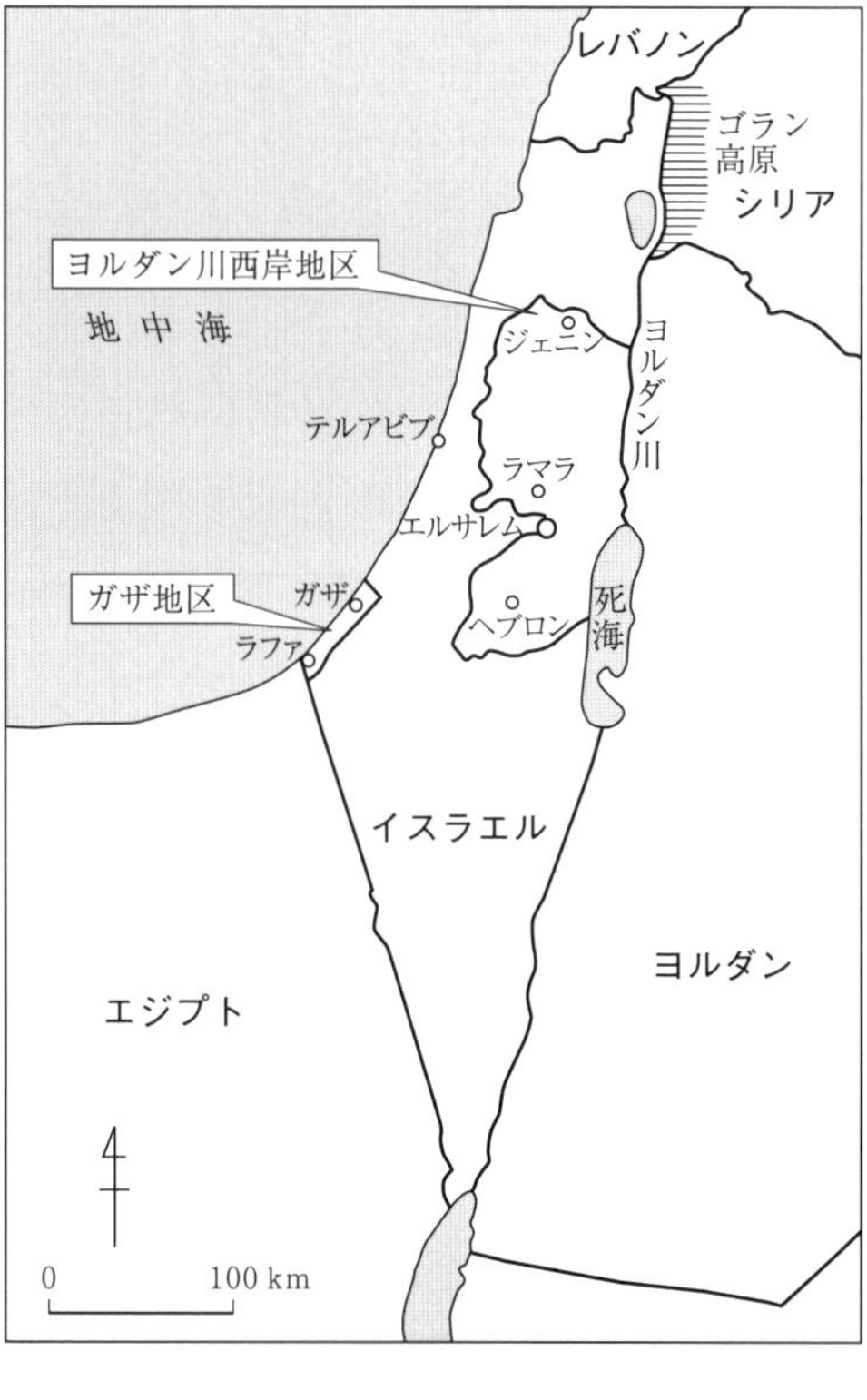

レバノン
ゴラン
高原
シリア
ヨルダン川西岸地区
地 中 海
ジェニン
ヨルダン川
テルアビブ
ラマラ
エルサレム
ガザ地区
ガザ
ラファ
ヘブロン
死海
イスラエル
ヨルダン
エジプト
0
100 km

I　ガザで何が起きたのか

サムニ一族・虐殺事件

閉じ込めた一二〇人への爆撃

ガザ市の中心街から車で一五分ほど、農地が広がる郊外のゼイトゥーン地区には、農業を営むサムニ一族の家々およそ四〇軒が点在していた。この地区にイスラエル軍が侵攻したのは、地上侵攻開始の当日、二〇〇九年一月三日の夜である。

「イスラエル軍のF16戦闘機は私たちの地区を爆撃しないと思っていました。なにしろ農業地帯なのですから」と住民の一人、一〇人の子どもの母親**サヘル・サムニ**（三七歳）は当時を語る。「しかし一月三日の夜、戦車や戦闘機の音、そして銃撃音がすぐ近くで聞こえてきました」

イスラエル軍の空挺部隊が、この地区にやってきたのは翌日、一月四日の夜中だった。その目撃者**マヘル・サムニ**（四二歳）はその時の様子をこう証言した。

「次の日（一月四日）、私たちは何が起こったのかずっと不安でした。ニュースでガザと中部地域とをつなぐ地帯が爆撃を受けたと聞きましたから。

侵攻から二日目の夜中、私たちは家で寝ていました。夜、戦闘機が空爆する爆発音や戦闘の銃撃音が聞こえてきました。私たちは、いったい何が起こったのかと思い、外に出てみました。すると木の下に人がいるのが見えました。パレスチナ側の戦闘員だと思った私は、彼らに向かって「ここから出て行ってくれ！　家の中にはたくさん子どもたちがいるんだ。私たちを戦闘の巻き添えにして殺すつもりなのか！」と叫びました。するとその中の一人が「身分証明書を見せろ！」と言うのです。その時まで彼らがイスラエル兵だとはまったく気づきませんでした。

彼らはパレスチナ武装勢力の戦闘員の格好をしていたんですよ。兵士たちは周辺の家々のドアをノックし始めました。家から人が出てくると、兵士は屋根からその住人に向かって飛び降りてきたのです。たくさんの兵士たちがパラシュートを使って降下してくるのを目にしました。ある飛行機は空爆し、また他の飛行機はパラシュート部隊を投下させていました」

イマド・サムニ（サヘルの夫／三九歳）は、家を武装ヘリコプターからの爆撃で破壊されたため、近所の叔父の家に逃げ込んだ。その家に兵士たちがやってきたのは一月四日の早朝だった。

家に侵入してきた兵士たちの行動を、イマドは詳細に語った。

「女性と子どもたち全員を安全な部屋に避難させ、私たち男は隅に座っていました。一〇分ほどたって、誰かがドアをたたき、「ドアを開けろ！　イスラエル軍だ！」という声がしました。「ドアを開けるんだ！」と繰り返し叫ぶので、叔父がドアを開けました。入ってきた兵士たちは銃口を私たちに向け、両手を挙げさせ、服をめくって腹部を見せろと命じました。女性や子どもたちなど、家にいた四〇人ほどが怖がって泣き始めました。私は彼らに、「怖がらないで。イスラエル兵たちにも心があるはずだ。同じように子どもや妻がいる者もいる。私たちに危害を加えることはないはずだ」と言い聞かせました。私は一〇年近くイスラエルで働いてきて、ユダヤ人にも心があることを知っていましたから」

「子どもたちはお腹が空いた、パンを食べたいと泣き出しました。私たちが兵士に、「家の中にはパンがありません。子どもたちが泣いているんです」と訴えると、「黙れ！」と言い返されます。私たちは別の兵士が来るのを待つことにしました。兵士の中には許可する者もいるし、拒絶する者もいますから。

私はヘブライ語で兵士に「自分の家の冷蔵庫にあるパンを妻に取りにいかせてほしい」と頼みました。すると兵士の一人が妻に銃を向けながら、「家に行け」と命じました。妻は怯《おび》えきっていたので、私は「怖がらないで。神を信じて」と説得しました。兵士は妻に銃口を向けたまま、家まで歩かせました。パンを持ち帰った妻は、震えていました。そのおかげで、二日間だけ、子どもたちにはパンを与えることができました」

一月五日の早朝、イマドたちは大きな爆発音と共に何かが崩れ落ちる音を聞いた。女性たちの叫び声が聞こえ、すぐに、家の外から「叔父さん！　叔父さん！」と叫ぶ青年の声が聞こえた。兵士たちはその青年を捕まえ、イマドたちが閉じ込められている家の中へ連行した。それはイマドの甥、一九歳のムーサだった。イマドはその時の様子をこう振り返る。

「私はムーサに、「何があったんだ！」と訊きました。すると、ムーサが、「叔父さん、兵士たちは僕たちがいた家を爆撃したんだ！　それでみんな死んでしまったんだ！」と言うのです。そこにいた皆が悲鳴をあげました。「僕の一家全員が死んでしまった。僕だけが逃げ出せたんだよ」と。私たちは衝撃で、顔を手でたたきました。ムーサは死んだ母親や兄弟、叔父たちを目の当たりにして、狂ったように泣き叫びました」

その爆撃の詳細を生存者から聞いた**マヘル・サムニ**はこう証言した。

「イスラエル兵は一月四日、隣の家にサムニ一族のうち一二〇人ほどを集めました。子どもたちはジッと座っていられず、家の中を跳び回りました。そのうちに、喉も渇き、お腹も空き、しかも恐怖におびえ、子どもたちは泣き叫びました。イスラエル兵たちは家の中から聞こえる叫び声から、家の中はパニック状態だったことは知っていたはずです。

しかし突然、その家をミサイルで爆撃したんです。一発目のミサイルは家を直撃し、中の二人が即死しました。その一人は私の息子でもう一人は従兄弟でした。家の中にいた他の住人たちは気が狂ったようになりました。「ハムディが殺された！　モハマドが殺された！」と叫び、家の中を走り回りました。

一発目から五、六分してから二発目のミサイルが直撃しました。その爆撃で六、七人が殺されました。中には身体を粉々に吹き飛ばされた者もいました。三発目が直撃すると、もう何も見えなくなってしまいました。

中にいた住民たちは負傷した者たちの手当てに使うために、自分の服をちぎって、包帯代わりにしました。みなは狂乱状態でした。自分の子どもや、甥、従兄弟が目の前で殺されたのですから当然です。彼らは泣き叫び、白旗を揚げ、または白いスカーフを頭にかぶって家の中から飛び出しました。頭や腕、顔、足に大けがを負っている者もいました。とにかく、誰かに寄りかかってでも動ける者は、外へ出ました。

私たちは赤十字などに助けを求めて叫びました。家の中には、まだ生きている者もいたし、亡くなった者の遺体も残ったままでした。その後、イスラエル兵に追われ、現場を離れました。

マヘル・サムニ

三日目に、その家の中から携帯電話がかかってきました。だから家の中にはまだ生存者がいたんです。しかしその後、こちらから電話しても、もう返事はありませんでした。

私たちは、イスラエル兵が村からいなくなるまで、待ち続けました。私たちが爆撃された家から離れたとき、家はまだそのままで、壊されていませんでした。しかし戻ってみると、家は粉々に破壊されていたんです。瓦礫に埋まった遺体を見つけました。イスラエル兵は、遺体が残る家を破壊したのです。しかも撤退する一、二日前にです。オリーブの実の樽からまだ汁がしたたり落ちていたので、家が破壊されて間もないとわかりました。

私たちは爆撃直後に赤十字や赤新月社に、ここに来るよう頼みました。しかし救急車が来ていれば、イスラエル兵に撃たれていたと思います。四日後になってやっと、赤十字と赤新月社の人たちが来て、九人の負傷者を瓦礫の中から引きずり出しました。その傷跡は、半分腐りかけ、うじ虫がわいていました。こんな状態で、どうやって生き延びることが出来たのか不思議なほどでした。

イスラエル軍の撤退後、私たちは瓦礫の下から遺体を運び出しました。私の息子は身体の半分、頭と胴体だけしか見つかりませんでした。遺体の周りにあった瓦礫を掘り返して、やっと運び出しました。七五歳になる叔父の遺体、さらに残りの親戚の遺体も運び出しました。従姉妹の遺体も半分に切断され、半分は部屋の隅にありました。

この爆撃でサムニ一族の者、二九人が亡くなりました。私は父と息子を失いました」

この事件を実際に体験または目撃した他の住民は次のように証言している。

ナイラ・サムニ(二九歳)

「イスラエル軍はすべての住民を一カ所の家に集めました。私の兄の家でした。午前六時ごろで、私はまだ眠っていました。すると突然、その家に三発のミサイルが撃ち込まれたんです。最初は窓から撃ち込まれたけど、最後のミサイルは屋根から侵入していました。

気がついたとき、ミサイルの破片が私の脚の間にありました。周囲を見渡すと、兄や従兄弟、親戚たちの遺体が転がっていました。私の母も叔母も殺されたんです。母は倒れ込んだとき、まさにそこに爆弾が落ちて、身体が完全に粉々になっていました。私の叔母は最初の爆弾で、身体が真っ二つに裂かれてしまいました。すべて私たちの目の前で起きたことです。

どう言ったらいいのかわかりません。大切な人がたくさん殺されたんですから。生き残った家族は半狂乱状態に陥り、どうしたらいいのかわかりませんでした。ある者は家を出て、ある者は走り回っていました。大混乱となったんです」

ファーレズ・サムニ(五九歳)

「イスラエル軍が住民を集めた家は私の息子の家でした。そこに三発のミサイルを撃ち込んだんです。二〇人以上の住民がそこで殺されました。負傷した者、無事だった者はその後、白旗を掲げて家を出ました。血を流している者もいました。私は六、七人の子どもたちと共に家に残りました。その子どもたちは負傷して動くことができなかったからです。四日後にやっと赤十字の救急車が来るまで、私は血を流している子どもたちや遺体の中にいたんです。食べ物も水もありませんでした。イスラエル軍は負傷者の搬送だけは許可しましたが、遺体の収容は許可しませんでした。

一四日後、イスラエル軍がこの地区から撤退したとき、遺体を収容するために現地へ戻ったのですが、現場を見て衝撃を受けました。全部の家が破壊されていたんです。遺体も崩れた瓦礫に埋もれていました。その遺体を瓦礫の中から収容するのに大変な苦労をしました。もうこの地区に財産と呼べるものはなにも残ってはいません。

私たちはただの農民であり民間人で、戦争とは関係はありません。ここには武装組織の人間などまったくいなかったんです」

目の前で父親を射殺された少女

この同じ現場で、もう一つの惨殺が起こっていた。イスラエル軍がこの地区に地上侵攻してきた一月三日の夜、**ジナット・サムニ**(三五歳)は、一一歳を頭にした七人の幼子たちと共に自宅の部屋にこもって、空からの爆撃や地上からの砲撃、銃撃の音に怯えながら一夜を過ごした。他の家にいた夫が早朝に戻ってきた。五時半ごろ、お茶とパンで朝食をとっていたとき、イスラエル兵たちが畑側にある隣の家の後ろから家の中に侵入してきた。兵士たちはまず中に爆弾を投げ込み、銃撃を始めた。家族は部屋にこもっていたが、幼い子どもたちは恐怖のために泣き叫んだ。

その後に起こったことをジナットは次のように証言した。

「夫は子どもたちに飲み水を与えながら、「怖がらないで。もうすぐ兵士たちは出ていくだろうさ」と言いました。爆弾の投てきと銃撃を止めると、兵士たちは家の中に入ってきて、「家の主はどこだ!」と叫びました。すると夫は両手をあげて「私が主人です」と言いながら、部屋から出て行こうとしました。

その時です。突然、兵士が夫の眉間を撃ったんです。夫はヘブライ語がしゃべれたので、何か問われれば答えることができたはずです。しかし、何の尋問もなかったのです。ただ突然撃ったんです。夫は私たちの前で倒れ込みました。部屋のドアのところです。私たちみなが泣き叫び、彼に泣きすがりました。みな恐怖に駆られていました。すると兵士たちは部屋の中に入ってきて、私たちに向かって銃撃を始めました。私たちは床に伏せて、悲鳴をあげ、絶叫しました。この銃撃で、息子の四歳のアハマドは胸を撃たれ、大きな傷口が開きました。頭も撃たれました。

みんなで、「カタン」と叫びました。「小さな子ども」という意味のヘブライ語です。兵士たちに「小さな子どもたちがいるのよ！」と訴えました。やがて兵士たちは銃撃を止め、部屋の中に入ってきて、ここが子どもたちでいっぱいであることを知ったんです。彼らは銃に付いたライトで私たちを照らしました。

兵士たちは家の中を捜し回りましたが、何も見つかりませんでした。すると、私の寝室に入り、銃で窓を割りました。さらに持っていたハンマーと斧で、そこにあったテレビを破壊し、私のワードローブを壊しました。周囲にガラスが飛び散りました。

兵士たちはそれでも満足しませんでした。部屋に置いてあった夫の貴重品入りのカバンを物色し、中からお金を盗んで自分たちのポケットに入れたんです。その後、兵士たちは寝室に火をつけました。家具を燃やす煙が、私たちが閉じ込められている部屋まで入ってきました。胸を二発の銃弾で撃たれたアハマドはその時はまだ生きていましたが、煙で窒息状態になり、気を失いました。私の小さな娘も窒息しそうになりましたが、私たちはなんとか蘇生させました。私たちは悲鳴を上げ、泣き叫び続けました。兵士たちはヘブライ語で何か話をし、私たちのことを笑っていました。

やがて兵士たちは、私たちに「こっちへ来い」と命じました。兵士たちは、煙が充満した部屋から私たちを出し、台所に移動させました。そこに座ると、夫の遺体が目の前に横たわっていました。私は絶叫し、号泣しました。しかし、夫のために何一つやってやれることはありませんでした。

兵士が私を見て、銃口を私と娘に向けましたが、私は夫の遺体に見入っていました。誰かが死んで、そんなふうに遺体を見入っている様子を想像できますか。しかもそれは私の夫で、最愛の人なのです。

その後、兵士たちは私たちに「家から出ろ！」と命じたので、私は、「お願いします。夫の遺体を運ばせてください」と嘆願しました。しかし兵士は、「だめだ！」とはねつけました。一〇〇人以上の兵士が私たちの家の前に立っていました。村のほとんどの家が兵士たちに占拠されていました。彼らはアラビア語は一言も話せませんでした。顔を黒く塗っていました」

その後ジナットは兵士たちに銃口を突きつけられたまま、生後一カ月の赤ん坊を抱え、他の子どもたちを連れて家を出た。その直後、九歳の娘**アマル**は、母親たちの列から離れ、近くいた叔母の家に走って逃げた。追いかけて来た兵士にその叔母は、「この子は私の娘です」と言い張り、アマルを引き取った。しかし皮肉にも、それがかえってアマルに不幸をもたらすことになった。

ジナットと他の子どもたちは、銃口を突きつけられたまま、裸足《はだし》で長い間歩かされた後、やっと親戚の家にたどり着いた。

「着いたとたん、私たちは泣き叫び始めました。胸と頭を撃たれ意識を失っていたアハマドに人工呼吸をすると、息を吹き返しましたが、それで出血がさらにひどくなりました。胸の銃痕から心臓が見えました。どうしようもなく、飛び出してくる内臓を中に押し込めました。頭からも出血し始め、脳が露出し始めました。私は恐ろしくなって、アハマドを服で覆い、また大声で泣き出しました。「救急車に電話して、アハマドを助けて！　アハマドは父親のように死んでしまう！」と私は叫びました。私は親戚の手にキスをして嘆願しました。彼も同じように泣いていました。

夜通し、救急車をよこしてくれるように努力しましたが、だめでした。アハマドは月曜日（五日）の朝五時に息を引き取りました」

一方、叔母の家に留まったアマルは、まもなく兵士たちによって、この一家の家族と共に近所の家に集められた。その後、この家がミサイル攻撃を受け、アマルは中にいた多くの住民と同様、落ちた天井の瓦礫の下敷きとなった。

四日後、現場に戻った村人たちが瓦礫の中から突き出ている子どもの両脚をみつけた。その脚がかすかに動いているのに気づいた村人は、その子を瓦礫の中から引っ張り出した。それはアマルだった。彼女は頭部に爆弾の破片を受けていた。瓦礫の下にはアマルの他に、叔母の夫、その息子、叔父の子どもたち七人の人が埋まっていたが、救い出せたのはアマルだけだった。

村人はアマルを病院に運ぶために救急車を呼ぼうとした。しかし兵士たちは救急車が現場に近づくことを許さなかった。それで村人たちは気を失ったままのアマルを馬車に乗せて長い距離を歩き、救急車が入れる場所まで運んだ。

母親のジナットは「アマルたちが集められた家が爆撃され、中の住民が瓦礫の下敷きになった」と生き残った村人から聞き知り、娘は死んだと絶望した。病院の医師から「娘さんは生きている」と告げられたとき、ジナットは気を失ってしまった。実母ら周囲の人たちが香水や玉ねぎの匂いをかがせ、気付けをした。意識が戻ったジナットに母親が「娘が生きているといういい知らせを聞いたのに、お前は死にたいとでもいうのかい？　子どもたちの父親が死んでしまったのだから、子どもたちを育て上げるのに、お前がしっかりしなければ」と諭した。

病院で意識を回復したアマルが最初に口にした言葉は、「お父さんを連れて来て。お父さんに会いたい」というものだった。父親が目の前で射殺された記憶を失っていたのだ。母親のジナットが「お父さんに何をして欲しいの?」と訊くと、「お父さんに言いたいことがあるの」とアマルは答えた。ジナットはその時の様子をこう語った。

「私に言ってごらんなさい。お父さんに伝えてきてあげる」と言うと、アマルは「お父さんはどこ?」と訊くんです。私は、「お父さんはあなたの妹のところに残っているのよ。あの子はまだ小さいから。お父さんがいてくれるから、私はここに来られたのよ。一緒には来られないの。明日になればお父さんが来るからね」と言いきかせました。

その時アマルの叔父アブ・ヤーセルがやって来たので、私はアマルに、「ほら、お父さんよ。お父さんが来たわ」と言いました。私はアマルの意識が確かかどうか試そうとしたんです。アマルはその声を聞いていましたが、叔父を見てはいませんでした。叔父が彼女にキスをして「ここにいるよ」と言うと、アマルは「違う、あなたは私のお父さんじゃない」と言いました。「お父さんに何をして欲しいんだい？」。叔父が訊くと、「お父さんを連れてきて」と

ジナット・サムニとアマル・サムニ

彼女は言うんです。今は無理だと告げると、「お父さんに、私がよろしくと言ってたと伝えてね」とアマルは言いました。叔父はアマルにキスをしながら、泣いていました」

私がアマルとジナットにゼイトゥーン地区の現場で出会った一月二五日、アマルは入院していた病院から退院したばかりだった。破壊された家の瓦礫の近くに、棒とビニールで小さな掘っ立て小屋を建て、ジナットと子どもたちはそこで昼間の時間を過ごしていた。

事件から三週間が過ぎたこの時にはすでにアマルの記憶は回復し、父親の射殺という現実をやっと受け入れられるようになっていた。

そのアマルに、私は訊いた。

――**お父さんを見ていたの？**

「撃たれるところを見ました」

――**どんなふうに？**

「目と目の間と胸です」

――**兵士たちが「この家の主はどこだ」と叫んだとき、お父さんはどうやって出ていったの？**

「こうやって両手を挙げていたの」

――アマル、自分に起こった出来事を夢で見ることはあるの？

「はい」

――夢で何を見るの？

「お父さんがまだ生きているの。死んだ弟のアフマドも」

アマルが、被《かぶ》っているウールの帽子を脱いで、右側頭部の傷跡を見せた。傷跡はすでに癒えているように見えた。しかし、それが深刻な状態だということを知ったのは、アマルが病院で撮影した頭部のCT映像を見たときだった。

その傷跡の内部には複数の爆弾の破片がはっきりと映し出されていた。ガザの病院から退院した後、その破片を摘出する手術が可能かどうか検査するため、アマルはエジプトの病院で診察を受けた。その結果、医師は「手術をするのは危険すぎる」と判断した。ガザに戻ったアマルは、視力の衰えや頭痛を訴えるようになり、鼻血もひどくなるばかりだった。

母親ジナットにとって、不安なのは娘アマルの将来のことだけではない。大黒柱の夫を失い、幼い子どもたち七人を抱えてどうやって生活していくかという深刻な問題が目の前に立ちはだかっている。

「今後、誰が家族の面倒を見てくれるんですか」

という私の問いに、ジナットはこう答えた。

「本当にわからないんです。今朝、私は泣いていました。夫は亡くなり、子ども全部が私独りの手にゆだねられました。夫と一緒に死ねばよかった……。私の兄弟たちが一緒に住まわせてくれますが、それは夫が面倒を見てくれるのとは違います。兵士たちは家を破壊し、夫を撃ち殺し、幼い息子も奪ってしまった。もっとも愛すべき人たちを、です。

ご覧のとおり、私たちはテントも持っていません。誰も私たちに気を留めないんです。子どもたちのために、私は風除《よ》けでこの場所を覆っています。いつも、このように屋根なしです。夜は、ここで眠ることに恐怖を感じます。イスラエル兵がまた襲ってくるのではないかと怖いんです。でも、子どもたちが私に、こう言うのです。「どこへも行きたくない。家を建ててここに住むんだ。どんなことが起こっても、ここ以外なんかに住むもんか」って。私の一番上の息子は一一歳です。こんなに幼くして、この息子は一家の責任を負うことになるんです」

「殺された夫が気にかけていたのは、子どもたちを空腹にしないために、どうやって小麦粉の袋を手に入れるかということでした。夫は農業を営んでいました。生活はたいへんで、私たちはほとんどツケで雑貨屋から買い物をしていました。五〇〇〇シェケル(一二万五〇〇〇円)のツケがまだ残っています。夫がクローゼットに貯め隠しておいたお金は、焼失してしまいました。今は一シェケルも持っていません。私たちは素足で家を逃れたのです」

白旗を掲げた少女の射殺

ガザ地区の北東部、イスラエルとの境界から一㎞ほどに位置するアベドラボ地区に入ると、道路沿いの家々が上から踏み潰されたかのように破壊されていた。境界側に向かって歩くと、その破壊の程度はさらに激しくなり、村の端は一面、瓦礫の平地になっていた。破壊された家は数十にも及ぶと村人は言う。

瓦礫となった家の一軒、**ハーレド・アベドラボ**(三〇歳)の一家に起こったことは、これまでのイスラエル軍の攻撃とはまったく異質の異常な殺戮《さつりく》だった。

地上侵攻四日目の一月七日、昼間の一二時四〇分ごろだった。休戦協定で、ガザ住民たちには、食料の確保や死傷者たちの収容・避難のために三時間の猶予が与えられるはずだった。

ハーレドの弟**アハマド**(二三歳)は、その直後、一家に起こった出来事を次のように語った。

「私たち家族は家の中にいたのですが、イスラエル兵がスピーカーを使って、『身の安全を確保するために』家の中から出て避難するように住民に促している声が聞こえてきました。外を見ると、家の庭の中、まさに私たちの目の前に、砂に埋められた戦車が駐留していました。家の玄関から一〇mも離れていないところです。私たち家族は、イスラエル軍が家に攻撃してくるのではと怖くなり、白旗を持ち、子どもたちと祖母が外に出てみることにしました。兵士たちが私たちに向かって何を言っているのか、家にいるべきなのか、それとも避難するべきなのかを確認するためでした。周囲には銃撃など全くありませんでした。ハマスなどの戦闘員は皆無でした。

兵士の一人が戦車の中から半分身を出し、子どもたちを見ながらポテトチップスを食べていました。他の家族は、白旗を持った子どもたちと兵士たちの様子を家の中から見ていました。子どもたちが外に出て五分ほど経つと、突然、別の兵士がM16型ライフル銃を持って戦車の中から出てきました。そして突然、女の子たちに向かって銃を撃ち始めたんです。私たちは最初、脅すためだと思っていました。まさか子どもたちを狙っているとは思いもしませんでしたから。しかしそうではなかったのです。子どもたちはその場に倒れました。その時に兵士が子どもを殺そうとしている、これは〝処刑〟なんだ、と気づいたんです。私の母、つまり子どもたちの祖母は四発の銃弾を浴び、二人の女の子が殺されました。

一人はスアードで七歳、そしてアマルは二歳半でした。兵士は最初一人ひとりに三発ずつ銃弾を打ち込み、もう一度最初の子に戻って、さらに一人に三発ずつ銃弾を撃ち込んだのです。兵士は射撃に集中し、動きはゆっくりしたものでした。私の母は、恐怖で家の中に逃げ帰ろうとしたとき、撃たれました。最初に撃たれた後、家の中に逃げましたが、玄関から一mくらいのところで三発から四発撃たれてしまいました。

昼間です。兵士たちの目には、一〇mほど先で白旗を挙げた子どもたちと祖母の姿ははっきりと識別できたはずです。しかもこの地区にはパレスチナ人の戦闘員もいないこともわかっていたはずです」

「子どもたちが地面に倒れたあと、娘たちの母親が外に飛び出しました。彼女は娘たちを抱きかかえ、家の中に運びました。兵士たちはその彼女をじっと見ていました。私たちは玄関口で撃たれた母も家の奥に運びました。私は母に応急処置を施しました。母の背中は銃痕で開き、むき出しになっていて、背骨と肺がはっきりと見えるほどでした。神が母を天に召すまで、私たちは彼女を仰向けにして、寝かせておきました。母をこれ以上苦しみながら生き長らえさせたくなかったのです」

三人の少女たちの母親**カウタル**（二九歳）は、その時の様子をこう証言した。

「長女、小学四年生のスアードは自動小銃の弾倉一個分の銃弾を撃ちこまれました。胸に一五発も撃たれていたんです。一番下の娘アマルは二歳半で、腹部に五発の銃弾を撃ち込まれていました。小さな身体から内臓が飛び出していました。四歳の娘サマールは、四発の銃弾を受けました。背中は大きく裂けていました。現在、ベルギーで治療を受けています。

娘たちが撃たれたとき、私はドアから外に出ようとしていました。ドアから出た途端、娘たちが地面に倒れているのが目に入りました。私は負傷した姑を救い出すのに気をとられていました。姑をマットレスの上に乗せましたが、姑を抱えていた自分は血まみれになっていました。

その後、すぐに娘のところへ走り寄りました。夫がすでに二人の娘を引きずり戻していました。私は長女のスアードを引きずり家の中に戻しました。そして娘がすでに死んでいるのがわかりました。胸は銃弾で穴だらけになっていました。私は泣き叫び、私に耐える力をお与えくださいと神に祈りました。神は私に耐える力を与えてくださいました。

生き残った娘サマールのために救急車を呼ぼうとしました。しかし救急車はやってきません。一番下のアマルは一時間もの間、血を流し続け、そして息を引き取りました。真ん中の娘サマールも二時間も出血し続けました。その間、「お願い、救急車を呼んできて！　怪我した人のために救急車は来ないの？　お願い、救急車を呼んで！」と泣いていました。血を流し続け、背中の銃痕は大きな口を開けていました」

ハーレド・アベドラボ

少女たちの父親ハーレドは、次のように語った。

「二歳の娘アマルと七歳の娘スアードが殺されました。そして四歳のサマールは胸を撃ち抜かれました。六〇歳になる私の母は三発の銃弾を浴びていました。「救急車を！　赤十字を！」と叫びました。家の中に戻り、二時間、救急車を呼び続けました。ついに一台の救急車がやってきましたが、イスラエル兵がその救急車から運転手を降ろし、その車を戦車で踏み潰しました。その後、もう誰も助けに来ないと確信しました。

娘のサマールは負傷していました。娘は水を飲みたいと言って泣きましたが、飲ませようとすると「お父さん、私は撃たれて、もう水も飲めない」と言うのです。

兵士が娘たちを撃ったとき、まず自分を撃ってくれと思いました。そうするように私は外へ出ました。しかし兵士は私を撃たなかった。それが心の痛みをさらに深くしました」

その後のことをハーレドの弟**アハマド**はさらに次のように証言した。

「私たちは家の中に二時間ほどじっと座っていました。大砲の砲弾が私たちの家を直撃したのはその時でした。四発か五発の大砲の砲弾が、イスラエル内から撃ちこまれたのです。私たちが「一発、二発、三発……」と数えている時に、それが私たちの家に直撃しました。中の大部分が破壊された時、私たちはまだ家の中にいたんです。時刻は午後三時になろうとしていました。イスラエル軍は戦闘機からの爆撃か砲撃で、私たちを家の中に閉じ込めたまま、皆殺しにしてしまうのではないかと怯えました。

父は、重傷を負った孫のサマールを抱えて外に出ました。すると、イスラエル兵が父に向かって発砲し始めました。父は兵士たちにヘブライ語で呼びかけました。父はイスラエルで長年仕事をした経験がありましたから。父は兵士たちに、「家の中に死傷者がいます。私は彼らを避難させたいだけなんです」と叫びました。すると、戦車の中にいた将校は、「家を破壊するから、すぐに家から避難しろ」と父に命じました。私たちは死傷者たちを抱えて家の中から出ました」

父親のハーレドは一番上の娘スアードの遺体を、

母親のカウタルは末娘アマルの遺体を、そしてハーレドの父親が重傷を負ったサマールを運んだが、恐怖のため、そのサマールを地面に落としてしまった。重傷の祖母は、弟のアハマドなど他の家族がベッドに乗せて運んだ。砲撃で道も破壊され、数ｍごとに窪《くぼ》んだ谷や小高い丘を上り下りしなければならなかった。家族はみな裸足で、砂に足を埋もらせながら進んだ。途中、頭部や肢体がひどく破損した遺体や、黒こげになった遺体がころがっていた。時々、イスラエル兵が威嚇のためか、この家族の頭上や足元をめがけて銃撃した。

母親のカウタルが運んでいた二歳半の末娘アマルの遺体の大きく開いた傷口から内臓が道路にこぼれ落ちた。カウタルたちはその内臓を拾い集めた。家族は助けを求めて叫んだ。しかし誰も来なかった。

二㎞ほど歩き、やっとアスファルトの道路に出たときの様子を**アハマド**はこう証言する。

「幹線道路の交差点にたどり着く直前で、普通のアスファルトの道に出ました。そこに粉々になった死体を見つけ、私たちはぎょっとしました。

交差点まで二〇ｍくらいのところに、馬車に乗っている男性がいました。私たちは彼に助けを求めました。こちらを振り返った男性が、交差点から四、五ｍほど東の方に来た時でした。突然、男性はイスラエル軍の狙撃兵によって射殺されました。男性は地面に突っ伏したままでしたが、私たちは歩き続けました。おそらく飛び散ったその男性の脳を踏み潰して歩いていたんだろうと思います。戦争が終わってから、その男性の名前がアドハム・ナセルだとわかりました」

その後、道路で出会った住民が死傷した娘たちを病院に運んでくれた。疲れ果てた両親のハーレドとカウタルはその場に座り込んでしまった。半時間後、娘たちを追いかけて病院にたどりついた彼らは、二人の娘の死を確認し、重体のもう一人の娘と祖母の容態を伝えられた。

重体のサマールは、エジプトのカイロへ搬送され、空港からベルギーのブリュッセルへ移送された。そのサマールの状態を**アハマド**はこう説明した。

「サマールはブリュッセル空港から救急車で直接、病院の手術室に運ばれました。医者たちは、サマールの身体の中に破裂した銃弾の破片を見つけました。

カウタル・アベドラボ

その一部は脊髄を破損していました。とりわけ四番目の背骨の部分が完全に粉々になってしまっていました。そのため身体は麻痺し泌尿器系をコントロールする機能も失われてしまいました」

サマールは現在、全身麻痺の状態である。

二人の娘を目の前で射殺され、残ったもう一人も全身麻痺の重傷を負わされた母親**カウタル**は、その心の内をこう告白する。

「休戦になってから、生き残った娘のために、また亡くなった娘の思い出の品も見つけられればと、この破壊された家に戻ってきました。でも、何も見つかりませんでした。娘たちの学校の成績表以外何も見つからなかったんです。娘たちは学校では素晴らしい成績でした。殺された一番下の子の服も何も見つかりませんでした」

「いま神に、私とすべての母親に耐える力をお与えくださいとお願いしています。どんな心境かって？　どんな人にとっても、自分の子どもを失うことはとても耐えられないことです。育てあげた子を目の前で失う、それは耐え難いことです」

「最も辛かったのは、自分の娘が目の前で死んでいくのに何もできなかったことです。今、あなたの娘が「助けて！　苦しい！　救急車を呼んで！」と泣き叫んでいる姿を想像してください。なのに、その瀕死の娘のために救急車を呼べないんですよ。母親としてそれ以上の悲しみがあるでしょうか。

私の娘たちは撃たれなければならないような、どんな悪いことをしたというんですか。生き残った娘は、病院で泣きながら、「イスラエル兵はなぜ私を撃ったの？　私が何をしたの？」と言い続けていました」

「あの事件が悪夢に出てきます。夜、眠るのが難しいんです。ときどき頭痛がして、薬なしでは眠れません。私たちにとって、とても辛い痛みを伴う記憶です。学校で娘の隣の席に座っていた子がいます。娘の従兄弟で、同じ家に住んでいました。その子は私の娘といつも一緒でした。娘の親友だったんです。毎日、その子を見るたびに娘のことを思い出してしまうんです」

ラダ・アルダーヤ

アルダーヤ家の虐殺

ガザ市の中心部から幹線道路「サラヒディーン通り」を車で数㎞南下し、さらに大通りから右手の通りに入る。二〇〇mほど歩くと、両側に立ち並ぶ民家の中に突然、瓦礫の山となった一角が現れる。この場所にかつて四階建ての家が建っていた。

「ここが家の玄関でした」と、案内する大学生**ラダ・アルダーヤ**（二二歳）が瓦礫の一角を指差した。「あそこに姉の部屋がありました。遺体もそこで見つかりました。もう一人の姉も空爆があったとき、この部屋にいましたが、遺体は隣の建物の中で見つかりました。コーランを抱えていました」

この四階建ての家にアルダーヤ一家三五人が暮らしていた。しかしイスラエル軍の地上侵攻から三日目の一月六日未明、イスラエル軍の空爆によって建物は消失、地階は地下一〇mに埋もれた。この爆撃による死者は二三人、うち一三人が一〇歳未満の子どもで、一番下の子は生後五カ月だった。

ラダの兄**モハマド**（二七歳）は、爆撃時に、早朝の礼拝のために三〇〇mほど離れたモスクにいたため難を逃れた。しかし彼の妻と、七歳を頭にした四人の子どもは瓦礫の下敷きになり、一カ月を経てもその遺体の一部さえ発見できないままだった。

モハマドは事件当時の様子を次のように証言した。

「前日の夜から近所で建物や路上の人に向かって空爆が続いていました。前夜の九時くらいから、私は地階の部屋で子どもたちや両親、妻など家族みんなと一緒に座っていました。夜中になると、私の兄が階上の自分の部屋に戻りました。私は妻と子どもたちを、私たちが暮らす三階の部屋へ連れて行きました。空爆の音と銃声がうるさくて寝られずに、私たちは夜中の一時くらいまで起きていました。その後ようやく私は眠ることが出来ました。

早朝、お祈りの始まりを告げるアザーンの声を聞きました。アザーンには二つあります。一つはお祈りの時間が来たことを告げ、祈りの準備を促すもの。もう一つは、礼拝者がモスクに集まった後に、祈りが始まることを告げる声です。最初のアザーンが響いたとき、私はまだ寝ていました。すぐに妻を起こし、急いで顔を洗い、お祈りに行くために家を出ました。階下へ降りて行く途中、妹サブリーンが祈る姿を見かけました。

家から三〇〇mほどのモスクでの祈りに参加したときには、祈りの二章目が始まっていました。近くに兄のラドワンを見つけました。彼は私よりも先にモスクへ来ていました。

礼拝を終えた頃には、空爆と銃撃が激しさを増していました。参拝者はみな避難するためにモスクを出て、自宅へと向かいました。ラドワンが私のところへ来て、「ここを出て避難しなければ！」と言って、私よりも先に家へと帰りました。私は友人と一緒にモスクに残りました。「何が起こるかわからないから、朝日が昇るまでここで待とう。そうすれば家に帰れる」と自分に言い聞かせました。

モスクから帰る途中の隣人が、自分の家の前の空地を横切ろうとしたとき、イスラエル軍の狙撃兵に射殺されました。ただモスクから自宅へ戻ろうとしていた民間人、しかも六〇歳ほどの老人なのにです。その事件を聞き知って、私たちはすぐに家へ帰るのを止めて、六時一五分前くらいまで、家とモスクの途中の場所にいました。

その時です。突然、すさまじい爆発音が聞こえ、私たちのいた場所も激しく揺れました。爆撃された住居の破片が私たちの足元にまで飛んできました。私たちは口々に「爆撃を受けたのは家だ。人じゃない」と言い合っていました。人が攻撃されるとき使用されるのは小さなロケット弾だからです。私たちは走って、その地域のどの家が爆撃を受けたのか見に行きました。もう爆撃に対する怖さすらありませんでした。とにかく爆撃されたのがどの家なのかを確認するのが最優先でした」

「現場に着くと、それは私の家だったのです。衝撃でした。自分たちの家が爆撃を受けるなどとは予想もしていなかったんです。私たち家族は抵抗組織とは何の関係もないのですから。子どもたちと家族みんなで一緒に暮らす、普通の民間人なのです。

あまりの衝撃に、言葉も失い、現場に立ち尽くしていました。爆撃音を聞いて、近所の人たちが私の家があった場所へやってきました。前の日の夜に一緒に過ごした家族全員が、殺されてしまったと思いました。四階建ての家は沈んでしまっていたのですから。地階部分は地面の一〇m下に沈んでいたんです。その上、地上階の三階分がサンドイッチのように乗っかっていました。私は自分がいま目にしているもの、そしてここで起こってしまったことに、愕《がく》然《ぜん》としました。

私は家の南側の角に行きました。兄のラドワンとアマールがいるはずの部屋です。そこで兄のアマールを見つけたんです。コンクリート柱が彼の上に倒れていました。すでに息をしていない様子だったので、死んでしまったのだと思いました。横たわる兄の顔は焼け焦げて、腕は捻《ね》じ曲がっていました。私は近くに集まってきた人たちに「兄のアマールです！　早く瓦礫の中から出さないと！」と叫びました。私独りの力では彼を出すことはできませんでしたから。人びとが手伝ってくれ、やっとアマールを瓦礫の中から引き出しました。するとそのアマールが意識を取り戻し、「ラドワンがここにいる。彼は僕と一緒にいたんだ」と言いました。私たちはラドワンを捜し始めました。やがて瓦礫の中から三本の指だけが見えました。私たちは彼のいる周囲をずっと掘り続け、完全に埋まっていた瓦礫の中から、やっと引き上げました。

モハマド・アルダーヤ

私は父親、母親、兄、自分の子どもたち、妻に向かって叫び続けていました。誰かが、瓦礫のどこからか、「ここにいるよ！」と返事をしてくれないかと願っていました。しかし、誰の返事もありませんでした。みんな死んでしまったのだと思いました。私はすべての望みを失い、絶望的な気持ちになりました。それでも私は叫び続けました。そこにいた近所の人たちは、「辛抱強く待って神にお願いすれば、誰かが見つかるかもしれない」と言ってくれましたが、慰められればばられるほど、すでに見つかった家族二人以外にはもう発見できないのだと思い始めました。

救急車やブルドーザーが到着し、瓦礫の中を捜索し続けました。私たちは今までとはまったく違う家の姿を目の当たりにしていたんです。

やがて家族の遺体が出てきました。ブルドーザーが掘り始めるとすぐに、父の遺体が階段のところで発見されました。母は、建設中の隣人の家で見つかりました。大学で勉強をしていた妹サブリーンは隣人のアパートの部屋の中で発見されました。同居していた兄の遺体も、もう一方の隣人宅の中から出てきました。ブルドーザーはなおも家を掘り続け、兄イアドの遺体が、八カ月の息子や他の子どもたちを抱きかかえている状態で発見されました。さらに瓦礫に押しつぶされていた兄の娘と息子が出てきました。それから私たちはさらに他の家族も捜し続けました。

私は自分の妻と子どもたちをどうしても見つけようと必死でした。あらゆる場所を掘り起こしましたが、全く見つかりませんでした。午後までずっと捜し続けたにもかかわらず、です。もう一人の兄のラメズと彼の妻、息子、娘たちもどうしても見つかりません。

ブルドーザーの運転手は疲れ果て「もう一カ所も残らず捜したけれども、何も見つからないよ」と言いました。出てくるのは小さな肉片だけです。私はこの肉片が、私の妻のものであり、子どもたちのものであるのだと考えました。残りの部分は粉々になってしまったのだと。想像してみてください。私があなたに見せた写真に写っている私の家族全員が、遺体どころか、肉片さえ見つからないのですよ。

次の日に、私は自分で負担してフォークリフトと運転手を雇い、さらに捜索を続けました。前の日の瓦礫を取り除き、もう一度捜索を始めました。見つかったのは三本の指で、その一本に結婚指輪がはめてありました。その指輪には「ラメズ」と私の兄の名前が刻印されていました。つまり、その指は兄の妻であったということです。瓦礫の中から見つけることが出来たのは、それだけでした」

モハマドと同様にモスクで礼拝した後、早めに家に戻ったために、爆撃のとき家の中にいたが、奇跡的に救出された兄**ファエズ**(二八歳)は、爆撃直後の様子をこう振り返った。

「地階には父と母と二人の姉妹、そして独身の弟たちが暮らしていました。妻子のいる兄弟は上の階にいたんです。周囲の爆撃が激しくなり、兄弟たちとその家族は危険を感じ、下の階まで下りてきました。私は横になって寝ようとしていました。その時です。F16から大きなミサイルが発射され、私たちの家が直撃されたんです。爆発の音さえ聞こえませんでした。でも自分の身体が締めつけられ、何かが私を完全に閉じ込めたように感じました。そして空気がなくなり、熱いと感じた直後、私は意識を失いました。ミサイルの爆発があたりの酸素を奪ったために意識を失ったんです。

気がついたときは瓦礫に埋もれていました。自分に何が起きたか、想像もできませんでした。私の横に寝ていた兄はベッドに横たわったまま、「アラーの他に神はなし……」とつぶやいていました。その後、兄は救出されましたが三日後、息を引き取りました。

三階にいた兄の家族は地階まで下りてくることもできなかったんです。その兄は七人の子どもたちや妻と共に地階に向かって下りているところでしたが、地階にたどり着くことはできませんでした。発見された兄の遺体は子どもの遺体を抱きしめていました。父はそんな兄の家族が下りるのを助けるために、階段を上がるところでした。その時、家が破壊されたんです。父の遺体は階段の下で見つかりました」

再び、**モハマド**が語る。

「人間は耐えなければいけません。私たちは耐えなければいけないんです。それが神の思《おぼ》し召しなのだから。確かに私は、この世で最もかけがえのない父と母を亡くしました。他のもので埋め合わせることなど出来ません。両親は今年、聖地メッカへ巡礼する準備をしていました。しかしガザの人びとは、封鎖のため今年は聖地へと行くことが出来ません。聖地への巡礼の機会を奪われ、二人は泣いていました。

私を育ててくれた姉を失ったことも、とても辛いことです。姉はまもなく三〇歳でした。そして何よりも、八年間連れ添った妻を失うことも耐え難いほど辛く悲しいことでした。自分の子どもたちを失ってしまう辛さは言うまでもありません。

妻の名前はイスマイールです。一番上の娘の名前はアマニで小学二年生でした。その下がカマルで幼稚園に通っていました。その下の娘が四歳のアリージ。この子は私にお人形さんを買ってとおねだりしました。私は「戦争が終わったら、みんなにお人形さんを買ってあげるからね」と言っていました。それから長男ユセフで、長い髪をしていました。私がそうさせたかったんです。……それだけです……。

妻や子どもたちの遺体は、一カ月経った今なお見つかりません。しかし今も、瓦礫を取り除いた後で、何か見つかるのではないかと思っています。私の妻と子どもたち、それから兄と彼の家族は、ちょうど家の真ん中にいました。ロケット弾はちょうど彼らを直撃したんです。彼らは完全に溶けて無くなってしまったに違いありません。何も残っていないんです！　何か残っているものを探そうとしても、見つからないんです。それが私の兄と彼の妻、子どもたち、そして私の妻と子どもたちに起こったことです」

「私の身に起こったことは、神によって運命づけられたものです。神がどのようなことを定めようとも、私たちはそれを受け入れ、それに耐えなければいけません。悪夢にうなされることはありません。神のおかげです。ただ夢の中で、兄のライアドが出てきます。ライアドは亡くなる直前まで、子どもの頃、遊んでいる時に出来た目の傷に苦しんでいました。ですから彼が私の夢に出てくる時には、彼の目がすっかり治っているようにと神に祈ります。私の夢に出てくるときには、彼は若くて、スリムで、両目がきちんと見えています。彼は笑い、私と話をしています。私の子どもたちも同じように夢に出てきます。父も笑いながら、子どもたちを周りに座らせ、ご飯を食べています。私は、かつて家の中で見られた幸せな光景を目にしています。それが私の家族に関することです。忍耐についていえば、神に、私がさらにこの状況を受け入れ、耐えることが出来る力を与えてくれることを祈ります」

事件から四カ月近く経った四月下旬、イスラエル軍は「調査結果」として次のような報告書をそのホームページに発表した。

「二〇〇九年一月六日、ガザ市ゼイトゥーン地区のアルダーヤ一家に関する事件は、不幸な事態をもたらした、作戦上の過ちの結果だったことが調査の結果判明した。それによれば、イスラエル国防軍は、アルダーヤ家の住居の隣にあった武器貯蔵施設を攻撃するつもりだった。

それは次のような誤りだと考えられる。

攻撃予定の建物は武器貯蔵施設ではなく、アルダーヤ一家の住居だった。ただ、実際に攻撃されたアルダーヤ家は、事前に何度も警告を受けていた。その一つは、ほとんど被害を与えない程度の実弾の銃撃で行う、「屋根へのノック」という特別の警告手段によるやり方だった。しかし建物を識別する上での過ちの原因は、この攻撃に先立つ電話での警告が、武器を貯蔵する住人にだけなされ、アルダーヤ家にはなされなかったことである。それが、誤爆される前にアルダーヤ一家が住居から避難しなかった理由だと思われる。深刻な結果をもたらした、ひじょうに不幸な事態である。敵は自分たちの活動を隠蔽するために民間人を利用する。この事件は、密集した地域でのその敵との激しい戦闘のなかで起こりうる類いの技術的な誤りのために、結果的に引き起こされたものであった」

しかし生き残ったアルダーヤ家の**ラダ**は、事件から三週間後、私にこう語った。

「聞くところによれば、イスラエルがヘブライ語のラジオで行っている正当化は、私たちの家ではときどき武器が保管され武装勢力が出入りしていたというもの、そして最後にはハマス政治部門の最高幹部の一人、マフムード・ザハールが隠れていたというものだったそうです。これはまったく事実に反する占領者たちの言い訳です。私たちの家への爆撃の目的は、占領の野蛮さとしてよく知られているように、できるだけ多くの民間人とりわけ一〇歳以下の子どもたちを標的にすることなのです」

また、私がインタビューした複数の家族は、イスラエル軍当局が主張するような「自分たちの活動を隠蔽するために民間人を利用する。その敵との、密集した地域での激しい戦闘」は、当時、まったくなかったと証言している。先の**モハマド**はこう語っている。

「抵抗運動（武力闘争）などまったくありませんでした。抵抗運動が行われていたのは二km先のところです。私たちの家は女性や老人、子どもたちが暮らす安全な家だったのです。だから、私たちの家は、抵抗運動が理由で狙われたわけではなかったのです」

産業破壊

農業の破壊

ガザ地区の北東部、ベイトラヒヤ地区はイチゴの産地として知られ、長年、ヨーロッパにも輸出されてきた。またガザ住民の食生活に欠かせない野菜の多くもこの地区で生産されている。

そのベイトラヒヤ地区に足を踏み入れると、いたるところで農地が戦車やブルドーザーによって踏み潰され、イチゴを保護するナイロンや、配水管用のビニールパイプが白リン弾で焼けていた。

「イスラエル軍がやったこの破壊を見てくれ！」。五七歳の農民**アデル・アブハリーマ**は、白リン弾の被害を受けた自分のイチゴ畑に私を導き、怒りをぶつけるように言った。

「去年の春から苗を大事に育て、九月にはこの畑に植え替えたんだ。土を耕し、たくさんの資金をつぎ込んできた。しかも自分の土地ではないから、毎年八〇〇ドルの借地代も支払わなければならない。

しかしイスラエル軍は戦車などで農地を踏みつぶし、その作物とナイロンを白リン弾で焼いてしまった。なぜなんだ！　理由を教えてくれ。このナイロンも紐《ひも》も、パイプもすべて工場から買った。配水のための機械も燃料もだ。被害は、一万五〇〇〇ドル（約一四五万円）にもなる。しかし去年の一二月から収穫できたのは、まだ収穫量の少ない最初の三回だけで、ほとんど収益にもならない。

これが最初じゃない。二〇〇〇年にも、二〇〇三年にもイスラエル軍が侵攻してきて、ブルドーザーで農地を破壊された。そして今度で三度目だ」

アデル・アブハリーマ

アデルは焼けたナイロンを引きはぎ、枯れてしまったイチゴの苗を引き抜きながら、叫んだ。

「F16や戦車を操縦する奴らは、ここに武装勢力がいたと言う。しかしこのイチゴの苗が武装勢力だとでも言うのか！　イスラエル人に訊いてくれ、これが武装勢力か！　このイチゴの苗がイスラエル人と闘ったとでも言うのか！

私たちは、土を耕して生活の糧《かて》を得る貧しい農民なんだ。この作物だけで二〇人の家族がやっと細々と食いつないでいるのに……。もう仕事もできない。私たちに仕事をくれ。私たちを養ってくれ。地主に今年の借地代も払っていないんだ。どこからその金を捻出すればいいんだ！」

オマール・アブハリーマ（三二歳）も地主から土地を借り、二ドナム（〇・二ヘクタール）のキュウリ、七ドナムのイチゴ、そして二ドナムのニンジン、一五ドナムのジャガイモを育てていた。

「一ドナムのイチゴ畑には一万シェーケル(約二五万円)の経費がかかります。七ドナムだから七万シェーケルです。それが破壊されたんです。またポンプで地下水をくみ上げるモーターのための発電機、また配水の量を調整する電気器材もブルドーザーで粉々にされました。さらに、配水用のパイプもずたずたにされた。被害総額は、全部で七万ドル(約六七〇万円)ほどになります。しかも自宅の一部も破壊されてしまいました」とオマールは訴えた。

家畜農場の破壊

ガザ東北部、イスラエルとの境界から数百mしか離れていないファユーミ家畜農場の牛舎は激しく破損し、住居となっていた近くのコンクリート製の建物は、瓦礫の山と化していた。イスラエル軍の撤退直前の一月一八日に破壊されたのだという。

牛舎の奥の崩れた建物の下に、一頭の羊の死体が横たわっているのが見えた。「この下に五〇頭の羊の死体があるんです」と案内した所有者の息子**モハマド・ファユーミ**(二〇歳)が説明した。

この農場では、牛と羊がそれぞれ約四〇〇頭ずつ、さらに六〇頭のラクダが飼われていた。四〇〇頭いた羊のうち救い出せたのは一〇〇頭だけ、牛もほぼ同様で、ラクダは六頭だけが生き残った。

モハマドが牛の死体が埋められた場所へと案内した。その空き地に近づくと、死臭が鼻をついた。ここに六〇頭の死体を埋めたというが、完全に埋まりきらず、牛の死体の頭部など体の一部があちこちで露出し、ハエが群がっている。

モハマドは次のように証言した。

「なぜイスラエル軍がこの農場をこんなに破壊したのかわからないんです。私たちはハマスでもファタハでもなく、どんな組織にもかかわりはない。そういう政治の問題には関心もなく、干渉もしません。

武装勢力がこの場所からロケット弾を撃とうとしたとき、私たちは彼らを追い出した。ここからの攻撃を許さなかったんです。イスラエル軍は、この牛がハマスだったとでもいうのか。そのために殺されたとでもいうのか。イスラエル軍はやりたい放題です」

コンクリート工場の破壊

「横倒しになっているのは、セメントのコンテナです。このフォークリフトも破壊されました。この瓦礫の山は、工場経営の中枢だった三階建ての建物でした。全部、破壊されました」と、ガザ地区最大のコンクリート工場、「アブ・アイーダ社」共同経営者の一人、**ジャミール・アブアイーダ**（四四歳）が破壊された工場の中を案内しながら説明した。

「これはポンプです。一つだけではなく、四つのポンプが破壊されてしまいました。このトラックはイスラエル兵にひっくり返されたんです。ここは事務所で、こっちは在庫のための倉庫でした。イスラエル軍は全ての部屋を開けて、破壊し、めちゃめちゃにしていきました」

ここがコンクリート工場であったことを示すのは、倒れたセメントのコンテナと、爆弾の破片で大きな穴が開いたミキサー車の残骸ぐらいである。後は、工場の体《てい》をなさないほど、完全に破壊されている。四つあったコンクリート工場、それに付随していたブロック工場もすべてが瓦礫となった。また近くにあった共同経営者たちの家々も攻撃の対象となった。その推定損失額は一〇〇〇万ドル（約九億五〇〇〇万円）にも及ぶとジャミールは言う。

この「アブ・アイーダ社」は占領地の一部の暫定自治を定めたオスロ合意から三年後の一九九六年に創設され、約一〇〇人の従業員が働いていた。つまりこの工場は、一〇〇家族の生活を支えていたのである。

通常、平均して毎日六〇〇トンほどのコンクリートを生産していたが、攻撃前は、封鎖でセメントが手に入らず、休業状態だった。

なぜこの工場が破壊されたと思うかと問うと、ジャミールは、こう答えた。

「理由がわからないんです。むしろイスラエル軍に訊いてみたい。工場の中には、抵抗勢力などいなかったのだから。私たちは実業家です。そんな私たちの工場をどうしてイスラエルはこのように破壊したのかわかりません。イスラエル軍はハマスと戦うのではなく、民衆を攻撃しにやってきたんです。民間の工場には何の罪もありません」

「怒りでいっぱいでしょうね?」。破壊の現場をじっと見つめるジャミールに私はあえて訊いた。

「私は、自分に起こったことに怒っています。私たち自身やその家々、工場がどんな罪を犯したというんですか!

私たちとイスラエルとの関係は長く、ずっと以前からビジネス関係をもってきました。こんなことになるなんて、思いもしなかったんです。こうなるんだったら、この地区に住まなかっただろうし、この工場に投資もしなかった」

「でも、神のおかげで、希望は持っています。これまで、何度もこんな体験をしてきました。同じような苦難を過去に何度も、です。それでも希望は失ってはいません。悲観的になる人もいる。しかし、私は楽観的です。私たちは強くなくてはならないんです。利益を得る前には損失もあるものです。これが私たちの運命です」

清涼飲料水・製造会社への爆撃

ガザ地区がまだエジプト統治下にあった一九六二年に創業したガザ市内の「セブン・アップ工場」も爆撃を受けた。清涼飲料水セブン・アップの製造ラインの一つが破壊されたことも深刻な被害だ。

中でも最も重大な損害は、経営の中枢部だった建物が完全に瓦礫となり、内部の重要な書類や貴重品が消失してしまったことだ。**モハマド・ヤズギ会長**はその心情をこう吐露した。

「創業以来の記録、資料と小切手、さらに在庫の生産品と原材料などすべてを失いました。一〇〇〇万ドル(九億五〇〇〇万円)相当の財産です。私たちのようなガザの小さな工場で一〇〇〇万ドルを失うということはヨーロッパでは一〇億ドル相当の金の損失に相当します。

でも訪ねてきたあなたの前で、涙を見せたくない。「自分は強いのだ」ということを見せたい。また私が泣いてしまったら、息子や兄弟たちも私の傍で泣いて、途方に暮れてしまうでしょう。これほどの打撃のなかでも、毅然《きぜん》と立ち、笑い続ければ、周囲の者たちに仕事を続ける力を与えることができます。

そうは言っても、自分の寝室に入ると、私はドアを閉めて、泣いているんです。財産をすべて失ったんですから。

しかし、私は他の人たちの〝損失〟と比較します。その人たちはかけがえのない自分の子どもを失ったんです。子どもを失うくらいなら、すべての金を失ったほうがまだいい。幸い私は、家族を失うことはなかった。家族を失った人に比べれば、私は幸運です。金は再び取り戻すことができる。だが息子、親、親族は取り戻すことができないんですから」

モハマド・ヤズギ

イスラエルの狙い

ガザ地区の工業地帯といわれる東北部の境界沿いの地区には、多くの中小の工場が集中している。今回のイスラエル軍の攻撃で、その大半が破壊された。

ガザ経済の専門家でもあるＵＮＤＰ（国連開発計画）のガザ代表、ハーレド・アブドゥルシャーフィーは、イスラエルの工業破壊の意図をこう語る。

「ガザの東部では二〇〇を超える企業が破壊されました。その中にはコンクリート工場、食品加工工場、木工工場などが含まれています。道路沿いに行けば、その光景を目の当たりにすることができます。工場が次から次に破壊されている。しかも、撤退直前の一二時間以内に破壊されているのです。その事実は、工場の所有者たちやそのガードマンたちが証言しています。

つまり、イスラエル軍は意図的に、ガザの経済を破壊しようとした。ガザ住民の生活の基盤を破壊しようとしたんです。だから、この攻撃は「セキュリティ」や「軍事行動」などとは関係がない。ましてやハマスなどとはまったく関係がないんです」

Ⅱ　ハマスとガザ攻撃

「ハマスのロケット弾攻撃が、ガザ攻撃の引き金を引いた」とイスラエル側は主張する。この攻撃で被害を受けたガザ住民には、「ハマスのロケット弾攻撃のツケを、民間人の我われが払わされる結果になった」という不満や怒りはないのだろうか。

イスラエル軍のガザ攻撃が続いていた一月初旬、私はエルサレムからの電話インタビューで、その疑問をガザ地区の知人、友人たちにぶつけた。

ガザ市にある「パレスチナ人権センター」の副代表、**ジャバール・ウィシャ**は一月一〇日にこう答えた。

「イスラエルはハマスを攻撃していると主張しているが、実際はパレスチナ人全体を標的にしています。この無差別爆撃の犠牲者や負傷者の大半は民間人なのです。このような現実を前に、民衆はハマスに対してではなく、イスラエル軍に激しい怒りを抱いています。無差別攻撃によって住民は「ガザ住民全体の生命が同じ扱いをされている」、「どんなパレスチナ人もイスラエル軍の標的になりうる。どんな家も標的になる」と実感したんです。ラマラの自治政府に対する怒り、沈黙するアラブ諸国の政府に対する憤り、国際社会の政府に対する怒りがさらに高まっています。いま住民はいっそう強くハマスを支持するようになっています」

またガザ地区北部のビーチ難民キャンプの住民で、ファタハ系のラマラ自治政府職員、**ワエル・アファナ**は一月一一日、電話インタビューで次のように語った。

「ハマスが今の事態の原因だと話す人はまったくいません。人びとには一種の団結ができています。人びとはこの戦争の原因はイスラエルにあるとわかっているからです。これは単にハマスに対する攻撃ではなく、パレスチナ人全体に対する攻撃です。イスラエルはまったくハマスを打ち負かしてはいません。ハマスの機構はまったく傷ついてはいないんです」

「休戦」から一週間後、実際にガザ地区に入り、家族を殺害され、家屋を破壊された住民たちへのインタビューの最後に、私は決まって「ロケット弾攻撃で攻撃を誘発したといわれるハマスに対する怒りはないですか」という質問をぶつけた。しかしほぼ全員が私の推察を否定した。「白旗を掲げた少女の射殺事件」で紹介した母親カウタルの次のような答えは、それを象徴する一例である。

――イスラエルと共に、パレスチナ人の組織に対する怒りはないですか

「いいえ。どんなパレスチナ人の組織にも怒りはありません。パレスチナ人は全体が犠牲者なんです。ハマス関係者の家々と同じくファタハ関係者の家々も破壊されているんですよ。ハマスだ、どうだという前に、罪のない子どもが殺され住民全体の家々が破壊されています。たとえハマスなどの組織と関係あるとしても、子どもたちにどんな罪があるというんですか。私たちはどんな組織にも関係なく、イスラムを信じる、普通の民間人なんですよ」

しかし、取材を続けていくうちに、被害住民の心の奥にハマスに対する怒りが見え隠れするのに気づき始めた。撮影中は、カウタルのような発言が出ても、カメラを止めた途端、「ハマスのロケット弾攻撃のせいで、なぜ我われ民間人が攻撃されるんだ」という不満と怒りの声が漏れてくるのである。

本章冒頭のガザの声は攻撃の最中だった。イスラエルへの怒りが住民の意識を占有していたのだ。しかし攻撃も止み、家族を失った喪失感や、住処や生活手段を失い、全く先の見えない不安と絶望感が目の前に迫る現実を前に、被害住民の中に、じわじわとハマスへの不満と怒りが表面化してきている。

では、なぜこの声は公にならないのか。「ハマスへの恐怖です」と、多くの住民がカメラを止めた私に告白した。「その声をもう一度」と再びカメラのスイッチを入れて促すと、相手は再び口をつぐむ。「もし、自分の声が公になれば、ハマスに連行されるか、撃たれる」というのである。

そんななか、一人だけカメラの前で、その恐怖を語ってくれた青年がいた。ガザ北部の難民キャンプに住むその青年Mの叔父H(三八歳)は、非ハマス系武装組織のリーダーの一人だったが、地上侵攻の四日目、一月七日にハマスの武装勢力によって射殺された。Hの弟の証言によれば、境界近くの前線から自宅に戻ってきたHを四人のマスク姿の武装青年たちが「用事がある」と呼び出した。大通りに出ると、Hは壁に向かって立たされ、胸を三発の銃弾で撃ち抜かれた。即死状態だった。最前線の陣地の所有権争いと、ハマス武装組織に撃たれた青年をHが救出し病院に運び助けたことが殺された理由ではないか、と弟は見ている。数日後、ハマスの武装組織がビラを配布し、「Hは誤って殺された」と伝えた。

叔父をそのように殺害されたMは、住民のハマスへの恐怖心をこう証言した。

「私たちは全員がハマスを怖がっています。まったくセキュリティはないんです。治安が混沌とした状況です。マスクをした正体不明な男たちが夜にやってきて、ドアをノックし、「治安組織の者だ」という。その証拠を見せてほしいというと、脚を撃つ。それはガザの北の端から南の端まで同じ状況です。それが今のガザ地区の空気です。

午後六時になると、外出禁止の状態になり、人びとは自分自身や子どもたち、また若者たちの安全のために、家のドアを閉めて閉じこもるのです。人びとは恐怖心を抱いています。その恐怖心はイスラエル軍の侵攻が始まってから増幅されました。毎日、二、三人が引っ張っていかれ、処刑されることもある。そしてついに私の叔父が殺されるまでになりました。パニックが増幅しています」

このような住民の声に、ハマスはどう反応するのか。ハマス幹部の一人で保健大臣、バーセム・ナイームは私のインタビューの中でこう反論した。

「政府の立場として、すべての住民が政治的な活動に対する表現の自由を持つと考えています。このことで何か問題を抱えている住民がいれば、責任ある人物の所や省庁へ出向き、その問題を訴えるように告げています。これが私たちの基本姿勢の一つです。

二つ目に、ガザ地区には数百人のメディア関係者、ジャーナリストがいて、彼らが自由に行動することを認めています。住民への取材も問題ありません。政府関係者や警察が「これはやってもいいが、あれはやってはいけない」と指示し干渉することはありません。日本人ジャーナリストのあなたに対してもそうです。ただ、軍事的な機密情報など重要なことに関しては別です。

三つ目は、ガザには多くの人権団体があり、彼らも自由に行動し、自由に書いたり発言したりしています。彼らとコンタクトを取ることも出来ますし、彼らは現状を査定する書類を毎日送ってきます。問題があれば、是正する用意があります。

しかし大事な点が三つあります。まず、我われは戦時下にあるということです。空爆や地上侵攻があれば、責任者や組織の間の意思疎通が難しくなり、すべての事柄にすぐには対応ができないこともあります。

人権は守られなければならない。表現の自由、活動の自由、政治活動の自由も保障されなければならない。ただし、戦時下では事情は違います。内務省からの報告によって住民の誤った行為が判明すれば、看過することは出来ません。

二つ目は、あなたたちは占領下で、非常に危険な状況下で活動をしているということです。あなたたちが取り扱っている問題は戦争に関することです。イスラエル軍は空爆、地上侵攻、海上からの攻撃を行う上で、ガザ地区内のスパイから多くの情報を得ていると公言しています。つまりイスラエル側はガザ地区のスパイから、戦闘員や指導者の所在地や、彼らの行動などの情報を得ているのです。だから戦時下で、誰かがスパイかもしれないとまったく疑うこともなく、暢気に構えてはいられないのです。

三つ目は、犯罪者についてです。犯罪者の罪は、ハマス関係者だろうとファタハ関係者だろうと関係がありません。金銭を盗んだり、人を殺したり、違法な薬物を使えば、刑務所に送られます。その犯罪者の政治的な立場など関係ないんです。刑務所の囚人たちの中には、ハマス支持者もたくさんいます。彼らは犯した過ちによる罰を受けているだけで、ハマスやファタハや、イスラム聖戦などの組織の問題とは一切関係ないのです」

「パレスチナ人権センター」は、二月三日、「ガザ地区におけるパレスチナ内部の人権侵害」の特別報告書を発表した。それによれば、イスラエルのガザ攻撃開始から五週間の間に、ハマス系のパレスチナ治安警察や正体不明の武装勢力によって少なくとも三二人が殺害され、多くの負傷者を出している。その大半は自宅から連行され、目隠しされて激しい暴行を受け、脚などを撃たれていた。また空爆で破壊された刑務所から逃亡した「イスラエル協力者」容疑の囚人たちが、治療を受けている病院で射殺される事件も起こっている。

報告書の中には次のような実例がある。

一月二四日、ユニス・アブアムラ(二八歳)は、ガザ市近郊の自宅から一〇人の私服の武装勢力によって連れ去られた。そのうち二人は情報機関で働く人物だと家族は確認している。その後、家族が電話で告げられた場所に行くと、ユニスは穴の中に放り込まれていた。肢体は傷とあざだらけで、頭部から血を流していた。ガザ市内のシェファ病院に運びこまれて一時意識を取り戻したユニスは「自分は空き地に連れていかれ、車から降ろされ、棒や銃尻でひどく殴られた」と自ら証言した。医師によれば、肢体の複数箇所が骨折し、頭部にひどい傷と内出血が見られたという。その後、ユニスの容態は悪化し、四日後に死亡した。

また葬儀中に射殺された実例も報告されている。二〇〇八年一二月二八日、イスラエル軍の攻撃で殺害されたファタハのメンバー、マジェット・トゥユールの葬儀が、ラファ市近郊で行われた。その葬儀の列がある地区に近づいたとき、パレスチナ警察(ハマス系)が、その列を解散させるために銃撃した。頭部に銃撃を受けたサヘール・シラウィは病院に運ばれたが死亡した。

またパレスチナ人権センターは、ガザ地区の多くのファタハ関係者が、「イスラエル側に爆撃の標的に関する情報を流したスパイ」の容疑でパレスチナ警察に逮捕または殺害されたと報告している。

Ⅲ なぜ、ユダヤ系市民はガザ攻撃を支持するのか

街の声

一月中旬、西エルサレムの空気は冷たい。それでも繁華街ベン・イェフダ通りの野外カフェでは、たくさんの人びとがお茶を飲みながら談笑している。旧ソ連からの移民だろうか、野外音楽家たちが路上で奏でるロシア民謡の心地よいメロディーが通りの隅から聞こえてくる。のどかな光景である。しかし同じ時間に、ここから車で一時間半ほどのガザ地区では、空と海、地上からのイスラエル軍の猛攻撃によって、住民が殺され傷ついている。だが、ここに立っていると、その現実を想像するのも難しい。まさに別世界である。

この繁華街で平穏な生活を満喫するイスラエル市民は、ガザで起こっている事態をどう見ているのか。私は通りで、市民の声を拾った。

「どこから?」。通りでたむろする高校生たちが、取材する私に声をかけた。「日本からだけど、ガザの状況をどう思う?」と私は彼らに問い返した。

「イスラエル軍の攻撃は当然だよ」と男子生徒が言った。「この八年間、イスラエル南部の町スデロットの市民は、ハマスが撃ち込むロケット弾の恐怖の中で暮らしているのよ。その現実に、世界はまったく注意を払ってこなかった」と、英語が流暢《りゅうちょう》な女子生徒が畳み掛ける。「そして今、世界はアラブ人に起こっていることだけに目を向ける。この八年間、私たちはじっと我慢して暮らしてきたのよ。彼らは、やったことのツケを払わされているのよ」

私は言い返した。「たしかに南部の町で三人ほどの市民が犠牲になった。でも、ガザではすでに九〇〇人近い住民が殺されているんだよ」。すると、先の女子生徒が即座にこう反論した。

「あなたは今しか見ていない。以前に何が起きたと思っているの? 何人のイスラエル人がテロで殺されたと思っているの? アラブ人以上に殺された

のよ」

西エルサレムの高校生たち

傍の男子生徒が付け加えた。「スデロットなどイスラエル南部の何千という住民はそこで暮らすことを恐れ、商売することも怖がっているんだよ」

傍に座って聞いていたもう一人の女子高校生が、立ち上がった。

「私たちは〝アラブ野郎〟ども（ヘブライ語でアラブ人に対する蔑視用語である「アラブッシュ」という言葉を彼女は使った）に、「こんなことを繰り返すと、攻撃するぞ！」と警告してきたのよ。しかしやつらは攻撃を繰り返してきた。だからその攻撃を止めさせるために、攻撃したのよ」

その女子生徒はさらに「私はこの国のために死ぬ覚悟よ」と照れ笑いしながら言った。傍の男子生徒が相槌《あいづち》を打った。「みんなそうだよ。もし今徴兵されれば、すぐにでも行くよ」。「ガザへも？」と私が問い返すと、彼はすかさず答えた。「ガザであろうと、ハマスの連中の家にだって行くよ！」

「アラブ人を自分と同じ人間だと思う？」。私は高校生たちに問うた。英語の流暢な先の女性が迷いなく、即答した。「いいえ。私たちは自分の子どもたちを守るわ。彼らのように子どもを〝人間の盾〟に使うようなことはしない。私は「アラブ人は人間じゃない」と言うつもりはないのよ。もし私たちのように無実の人たちなら、同じ人間だと思うけど」

さらにイスラエル市民のガザ攻撃への反応を知るため、私はベン・イェフダ通りの商店を訪ね歩き、インタビューした。その声をいくつか挙げてみる。

ツィオン・ムタダ（花屋／五二歳）

「戦争を始めたからには、ハマスを完全に打ち負かさなければなりません。ハマスが「もう止めた」

というまでです。もしハマスがそれを拒むなら、もっと奥まで攻めていくべきです。今やらなければ、数年後には彼らはまた同じように攻撃を繰り返すんですから」

ベタ（帽子店の青年／二三歳）

「もしイスラエル軍が二、三人の（主犯の）ハマス・メンバーだけを殺害できるのなら、そうしたでしょう。しかし不幸にもそれができない。ガザ地区はテロリストで溢《あふ》れているからです。しかも奴らは地下に隠れているんです。我われはたくさんの人間を殺さないように努力はしています。それができないのは何千というテロリストがいるからです。奴らはイスラエル南部の街スデロットやアシュケロンなどでイスラエル市民を殺しているんです。奴らに自由にカッサム・ロケット弾を撃たせておいて、沈黙するわけにはいきません。私たちはハマスやそのテロとの戦争をしているんです。

不幸にも、これが唯一の方法なんです。ガザで女性や子どもたちが殺されていることをたいへん気の毒だとは思います。しかし、どうすればいいんですか。ハマスは女性や子どもたちを安全な場所へ避難させることもしない。女性や子どもが殺されていることは、すべてハマスの責任なんです。

忘れてはいけないのは、この女性たちも選挙でハマスを選んだという事実です。イスラエルを攻撃するハマスを選んだんです。私たちはイスラエルへの攻撃を終わらせなければならない。自分たち自身で、ユダヤ人を守らなければならないんです。私たちは戦争など望んではいません。誰もが平和がほしい。しかしイスラエル南部への攻撃を容認するような「平和」ではありません。今のイスラエル軍の攻撃は、ハマスの攻撃を止める唯一の方法なんです」

ベタ

ハナ

ハナ（Tシャツ店の従業員女性／二二歳）

「パレスチナ人は「自分たちはいい人間で、イスラエル人はとてもひどい人間だ」というイメージを作ろうとしています。しかし彼らは私たちの国にテロを繰り返しています。イスラエル国内の街に爆弾をしかけ、ロケット弾をイスラエル南部の街に撃ち続けています。それを止めさせるために奴らを殺しに行っているんです。この問題を起こしたのは奴らなんです。

もしスデロットのようなことが起これば、世界のすべての国は同じことをやるはずです。でも、そのことに誰も口を開かない。私たちがやると、「イスラエルが悪い」と言う。ガザでたくさんの人が死んでいる。多くの女性や子どもたちも、と。でもイスラエルでも多くの女性や子どもが傷つき死んでいるんです。スデロットでも子どもが死んでいます。私たちはこんな状況では生活していけないんです。自分たちを守らなければなりません。私たちは彼らと平和に暮らそうとしています。しかし彼らはそれを望んでいないんです。彼らこそ悪い人間たちです。彼らこそ戦争を望んでいるんです。私たちではありません」

――なぜパレスチナ人はイスラエルを攻撃すると思いますか

「この国を奪いたいから攻撃してくるんです。イスラエルはたくさんの戦争を体験してきた。だけど、彼らがやるような、街に爆弾をしかける卑怯なやり方ではなく、戦争でこの土地を手に入れたんです。アメリカがその土地をインディアンから手に入れたように。

私たちはこの土地を「公正な戦争」で手に入れたんです。その戦争でたくさんの兵士を失いました。

しかし私たちは土地を彼らに返しました。私たちはガザ地区のグシュカティーフ入植地などをパレスチナ人に与えたんです。二〇〇五年にイスラエル人は撤退し、今は誰も残ってはいません。でもパレスチナ人は私たちからもっと欲しがる。彼らが望むように、ガザの検問所を自由に開放することはできません。ガザからテロリストがイスラエルへ入ってきて街に爆弾をしかけるからです。

人びとは理解しなければなりません。ここはイスラエルなんです。こんな状況は続けていられません。だからガザで多くの人が殺されるんです。攻撃を止めるために、彼らは学習しなければなりません。悪い人間は、悪いことをすれば罰せられる。私たちは彼らを罰しているんです」

世論調査が示す圧倒的な支持

このような声がイスラエルのユダヤ系市民の世論を象徴していることは、世論調査がはっきりと示している。テルアビブ大学「タミ・ステインメッツ平和研究センター」が戦争開始から一〇日ほど経った時点で行った世論調査によれば、九四％のユダヤ系市民がガザ攻撃を支持している。また九二％がイスラエルの安全保障上、有益だと答え、六二％がイスラエルの政治的な立場に有利だとみなしている。

この調査結果の中でも最も注目すべき点は、この攻撃がガザ地区のインフラに大きな被害をもたらし、多くの民間人が苦難を強いられていることを認識しながらも、空爆を〝正当化〟しているユダヤ系市民が九二％もいるという現実である。さらに九〇％が「イスラエルは全ての目的を果たすまで攻撃を続けるべきだ」と考え、「ハマスがロケット弾攻撃を中止したら、ガザ地区とイスラエルとの検問所を開放し、封鎖を解くべきだ」という考えに八〇％が反対している。つまりハマスが休戦に応じても、イスラエルは圧力の手を緩めるべきではないというのである。同様に大多数が、ハマスに拘束されているイスラエル兵が解放されなければ、休戦合意に署名すべきではないと考えている。

攻撃支持の背景

なぜイスラエルのユダヤ系市民は、一四〇〇人を超える犠牲者を出したガザ攻撃を支持するのか。イ

ユダ・シャウール

スラエル軍の元将校、平和活動家、また有識者たちに訊いた。

【ユダ・シャウール】

（元イスラエル軍将兵のグループ「沈黙を破る」代表／「沈黙を破る」を立ち上げ、将兵たちが占領地での兵役のなかで道徳心・倫理観を失っていく実態を写真展で内部告発した。現在、占領地での元将兵の加害証言の収集を続けている）

「ガザの今回の状況でいちばん重要なことは「戦争」という言葉です。「戦争」と呼ぶから、国民は支持するのです。今の攻撃を「戦争」と呼ぶことで、政府はとても狡猾な行動をとっているのです。それは何も新しいことではありません。この六年間を見ると、イスラエルは半年ごとにガザへの侵略を繰り返してきました。しかもそのたびにエスカレートしています。破壊と犠牲者の数は増えるばかりです。「戦争」という言葉は、国民一般の支持を得るために使われています。「戦争」となれば、国民もほとんど反対しなくなり、沈黙する。通常の軍事行動では許されないことも、許されるのです」

「二〇〇三年のラファでの大規模な作戦で四、五〇〇の民家が何の理由もなく破壊されたとき、ガザ方面軍の司令官はその誤りの責任をとって辞任しました。その後のガザ侵攻作戦でも国民は衝撃を受け、強く反応しました。当時、イスラエル社会はそのような事態を気にかけたのです。

今、その犠牲者の数ははるかに増え、破壊も凄まじい。しかしそれでも社会は沈黙しています。この事態に慣れてしまっているのです。それこそが最悪のことであり、真に悪い兆候です。イスラエル社会が無感覚になり、道徳心が薄れつつある。政治的な良心も薄れつつあるのです」

――このガザ攻撃がイスラエル社会にどのような影

響を及ぼすと思いますか

「私が恐れる最悪の事態とは、いま軍がやっていることがイスラエルの将来、とりわけ〝民主主義〟に悪影響を及ぼすことです。この「戦争」が始まってから、約七〇〇人のアラブ系市民が反戦デモで逮捕されました。うち二二〇人はまだ拘留されています。しかし国民は誰も知らないし、気にもかけません。彼らはガザ地区のパレスチナ人ではなく、私たちと同じイスラエルの国民なのです。先週は、四人のアラブ系市民がテルアビブでの非暴力のデモ行進に逮捕されました。その拘留期間の延長を要求する検察官は、その理由を「国家の道徳を傷つけたためだ」というのです。これがほんとうに〝民主主義〟なのでしょうか。この国でいったい何が起こっているのか。境界線を越えてしまっています。〝内面の境界〟をも越えてしまっているのです」

ラミ・エルハナン

【ラミ・エルハナン】

(デザイナー・平和活動家/一四歳の娘を自爆テロで殺害されながらも、イスラエルとパレスチナ国家の共存を訴える「遺族の会」で活動。前出の「沈黙を破る」顧問でもある)

「なぜ九〇%を超えるユダヤ系市民が支持したかって? 答えはとても単純です。あらゆる世代の人々が自分を見失い、「被害者」が「加害者」になってしまいました。理性を失い、他人の痛みに鈍感になっています。そして自分の前に壁を作り、目、耳、心を閉ざし、人間性すら閉ざしています。そうでなければ、あんなことを出来るはずがありません。

それは小さい頃に両親からひどい虐待を受けて育った子が、成長して自らも子どもを虐待する父親になってしまうことに似ています。これは心理学の論理です。幼児期に虐待された体験を持つ人は深刻な精神的トラウマを抱えています。自分もかつては犠牲者であったという思いにとらわれているのです」

――なぜそうなるのでしょうか

「最も重要なことは、ハマスがこの状況の鍵だということです。この八年間だけのことではなく、オスロ合意以後、ハマスが和平への希望を抹殺してきました。ハマスはパレスチナの組織の中で唯一、和平に反対している組織で、九二年以来、自爆テロなどあらゆるテロ行為を行って来ました。それに対して、イスラエル人は怒りを募らせてきました。誰かが自分の身体に何度も何度も針を刺し続け、ついにはその怒りが爆発したのです。その爆発はもう誰もコントロールできない。自分の子どもを殴られ続けた親の怒りが爆発し、殴った相手に復讐するようなものです。もう理性も及ばない。その爆発によって、翌日何が起こるかも考えられない。殺された一三〇〇人の遺族に何が起こるのかも、またこの争いが将来どうなるのかも考えられない。彼らと向かい合い、一緒に平和を作っていかなければならないのに、です。とくに今回の紛争は、腹の底から湧《わ》き上がってきた大きな怒りと憎しみから起こったのです」

――その憎悪の根底には何があるのですか

「「ハマス」は「大義名分」であり、口実でしかありません。パレスチナ人をイメージするとき、また歴史を学ぶときに、イスラエルの若者は心の中の深いところで、「相手のパレスチナ人は自分たちよりも劣っている。自分たちが彼らよりも優れている。自分たちの持つ文化が彼らの文化よりも勝っているのだ」と教えられるんです。それは心の中にとても深く刷り込まれています。その考え方から抜け出し、相手の人間性に目を向けるということは、成長して大人になったとしても、非常に難しいことなんです」

「過去八年間、メディアや世論は、絶えずハマスのロケット弾に悩まされ苛立《いらだ》ちを募らせ続けました。そして限界まで達したのです。国民の大半が「私たちはガザから撤退したのに、なぜ彼らはロケット弾を撃ち込んでくるのだ」と考えています。大半の国民は現実を知らないのです。彼らは、一五〇万人もの人びとが封鎖されたゲットーの中で暮らし、基本的な生活必需品さえ手に入らず、その状態から何とか抜け出そうとしているという状況など、知る由もないのです。大半のイスラエル人は、「私たちはガザから撤退したのだから、占領は終わった」と考えています。しかし、占領はまだ続いているのです。ガザ地区を封鎖して中へ物資を運び込まないようにしている現状では、イスラエルは中からコントロールしていなくても、外からコントロールしているのです」

「迫害を受けた者は他人が受ける迫害を理解できる」というのは事実ではありません。普通は逆に、二度と同じことが起こらないように自分を防衛しようとします。

イスラエルの子どもたちは育てられる過程で、

メイル・マーガリット

「自分たちが一番の〝犠牲者〟だ」「〝犠牲者〟であることが許されているのは自分たちだけで、他の者は〝犠牲者〟ではありえない」と教えられる。一七歳のときに、アウシュビッツに連れていかれ、「我われユダヤ人が何をされたかを見なさい！　こんなことは二度とあってはならない」と諭されます。すると、その子どもの中で、すべてが〝正当化〟されるのです」

【メイル・マーガリット】

（元エルサレム市議会議員／アルゼンチン出身の右翼青年だったが、第四次中東戦争で死んでいく兵士たちの姿にイスラエルのあり方に疑問を抱き、左派に転身。現在、パレスチナ人の家屋の破壊を告発し阻止するNGOの幹部。父親はホロコースト生存者）

「イスラエル人の中には、「前回二〇〇六年夏のレバノン戦争は失敗だった」という認識があります。しかしガザの「戦争」によって、国民はイスラエル人の自己イメージと自信を回復できたのです。中東における「スーパーマン」、つまり「最強の国家だ」という意識です。この「戦争」で、前回の戦争で負ったトラウマを消し去ることができたのです。だから、ハマスを打ち負かしたことを国民は喜んでいるんです。高い支持率はそんな国民の心理を投影した現象です」

「レバノン戦争はイスラエル国民に、「この紛争は終結しなければならない。力で問題は解決できないのだから」と実感させました。しかし、このガザの「戦争」は再び「紛争は力で解決できる」と国民に自信を回復させました。このことがさらに別の戦争へとイスラエルを駆り立てていく可能性があります。もしイスラエルがこの「戦争」で代償を支払わなければ、「このような戦争を続けられるし、これこそが解決なのだ」と考えてしまうのです」

――今回の攻撃によるガザ住民の大きな被害に、ユダヤ系市民はどうして、こうも無感覚なのですか

「私たちイスラエル人は〝ヒューマニティ〟(人間への慈悲心)を敏感に感じ取る感性を失っています。それはこれからもずっと続くと思います。一度その倫理的な価値観を失うと、それはどこまでもつきまとってきます。人びとは他人の苦悩を理解できなくなっているんです。パレスチナ人に対してだけでなく、他のイスラエル人にもそうです。グリーンライン(一九六七年の休戦ライン)の向こう側、つまり占領地でヒューマニティを失うだけではなく、イスラエル国内での隣人や貧困者たちへのヒューマニティも失う。この暴力性はイスラエル人社会にも跳ね返ってきます。隣人や家族の中にも、です」

「イスラエル人はハマスのイメージを〝悪魔化〟しています。「我われは人間とではなく、悪魔と戦っているのだ」と。そう考えれば、やりたいことは何でもできる。大型爆弾も使える。相手は「かわいそうな人たち」ではないのだから。これは「パレスチナ人を悪魔化する」国際的な共謀の一部です。これこそが、イスラエルが敵と戦う時に、相手の〝人間性〟を奪ういつものやり方なのです」

【ユリ・ピネス】

(ヘブライ大学教授/第一次レバノン戦争や、占領地への兵役を拒否し投獄された。学生時代、アラブ系の学生たちと平和運動体を組織。現在、中国史を教えながら、平和運動を続けている)

「今回のメディアの反応には問題が二つあります。

まず、「戦争」前です。今回の「戦争」は、近年のイスラエルの歴史の中でも最もメディアに誘導された「戦争」です。ハマスに強硬な対応を取るようにメディアが政府に大きな圧力を加えました。例えば、ガザからイスラエルに対するどんな攻撃も主要なニュースになった。何度も取り上げられ、たとえ負傷していなくても攻撃された家の住民に何度もインタビューし、隣人たちの話も紹介する。そのようにして、政府を「戦争」に踏み込ませるために、メディアが強い圧力を加えたのです。

第二には「戦争」以後です。攻撃が始まって二、三日後にイスラエル軍の作戦が「大成功」し自軍の兵士の犠牲者もなく、多くのパレスチナ人を殺すことができたことがわかると、メディアはこれを支援するようになりました。メディアはガザ地区の民間人の被害については報じないか、伝えたにしても、とてもわずかな部分しか伝えませんでした。もちろん、殺されたり家を破壊されたパレスチナ人の名前などは報道されません。それはイスラエルのメディアにとって意味のないことであり、メディアの利益にはならないものだったのです。

そして視聴者は、そのような「大成功」の報道に歓喜しました。パレスチナ人の子どもが殺された映像などを報道せず、その一方で、攻撃の最初の日に殺されたパレスチナ人警官三〇〇人は「ハマスの武装勢力」だったという見方を固定化させようとする報道に、イスラエルの一般民衆はとても誇りに思うのです。「この攻撃は成功した。イスラエル軍は凄い。我われの陸軍も空軍も海軍も、優秀で素晴らしい」と。そして実際のパレスチナ人の苦しみは見たくないのです。それを見てしまったら、自身に、「自分たちは何をしているんだろうか」「イスラエルが中東で生き残るという長期的な目標にかなうもの

ユリ・ピネス

だろうか」と問わなければならなくなるからです」

――パレスチナ人の甚大な被害を容認するイスラエル国内の空気はどこから生まれるのですか

「パレスチナ人への憎悪の感情と、彼らを排除したいという感情の高まりからです。それにはいくつかの要素があります。第一に、イスラエルの国民はアラブ人（パレスチナ人）をひどく嫌っています。とりわけ、二〇〇〇年以降、それは強まっています。第二次インティファーダとイスラエル内のアラブ人のデモなどについて公に語られる次のような物語は、今も多くの国民に受け入れられています。九〇％のユダヤ系市民は、「我われはパレスチナ人側にすべてを与えようとした。しかし彼らは拒否した。我われユダヤ人を憎み、追い出そうとしているからだ。我われには話し合いの相手はなく、アラブ人を信用できない」と考えているのです。今回の選挙の結果はそのいい証拠です。その考えを受け入れない政党は、数％の票しか獲得できませんでした」

「第二に、多くのイスラエル人にとって、今や「パレスチナ人はハマスであり、ハマスを支持している存在」なのです。ハマスはイスラエル人を嫌い、排除しようとしている。それは、単なる宣伝ではなく、ハマスの幹部が実際そう発言しているのです。ユダヤ系市民の大半が今強く感じていることで、今回のガザ攻撃を特徴づけているものは、「パレスチナ人はイスラエル人を憎んでいる。だから平和へのチャンスなどない。ハマスはイスラエルの生存権さえ認めない。それならいい、生き残るのは我われか彼らだ。和平などありえないのなら、我われは彼らの権利など考えられない。我われが彼らを殺す。他に選択肢がないのだから」といった考えです。

私のように戦争反対のデモに参加する者たちにとっても、「ガザでもスデロットでも子どもたちは生き続けたい」「ロケット弾や爆撃は平和をもたらさない」などというスローガンはあっても、「和平交渉を！」「平和を！」といったスローガンはなくなりました。一五年ほど前にはとても重要だったそんなスローガンを掲げることがとても困難な状況なのです」

――リベラルな市民にとっても、「和平」を叫びにくい状況なのですか

「「リベラル」なイスラエル人、かつてイスラエルの残虐行為に反対し大糾弾していた人たちに影響を与えた要素が二つあります。

一つは今や敵はハマスであり、ハマスは「イスラム」だということです。自分を欧米的でリベラルだと自認する人々にとって「イスラム」は排除すべき宗教なのです。第二次インティファーダが始まったのが二〇〇〇年、その一年後に九・一一が起こりました。それは欧米の大衆全体に、「イスラムによる欧米全体に対する理性を越えた憎しみ」を証明することになりました。そして全体に広がったのは、「自分たち欧米社会の人間は、相手を挑発することもない、平和を愛するいい人間たちなのに、悪い「イスラム世界」の奴らに攻撃された」という考え方です。

ましてや、ハマスを肯定的に見ることはとても難しい状況です。「リベラル」派にとっても、ハマスは人種差別主義者のイスラエル人政治家リーベルマンと同等か、それ以下の印象しかないのです」

パレスチナ人の犠牲を容認する空気

三週間に及ぶイスラエル軍のガザ攻撃で、パレスチナ人一四一七人が死亡、うち民間人は九二六人、その中でも一八歳未満の子どもが三一三人(「パレスチナ人権センター」三月一九日統計)、負傷者は五〇〇〇人近いといわれる。

一九六七年の第三次中東戦争でガザ地区がイスラエルに占領されて以来、最大の犠牲者を出した今回のガザ攻撃について、世界のメディアは連日大きく報道した。だが、多くは空爆や地上侵攻によるパレスチナ側の被害の実態などが中心で、なぜイスラエルがこれほど大規模な攻撃に踏み切ったのか、九〇%を超えるユダヤ系市民がなぜこの攻撃を支持するのか、などイスラエル側の動向・反応を分析した報道は多くなかった。

しかしこのガザ攻撃の原因と実態、背景や今後のパレスチナ・イスラエル情勢への影響を考える上で、イスラエル側の動向の分析は、極めて重要な要素である。パレスチナ側とイスラエル側の双方の実相をきちんと伝え、〝合わせ鏡〟のように相互に照射し合うことで初めて今回のガザ攻撃の本質が複眼的かつ立体的にあぶり出される、と私は考えている。

パレスチナ人側にこれほど甚大な被害をもたらし

ても、イスラエル側から大きな抗議運動が起こらず、むしろ大半が攻撃を支持する背景を理解するため、先のヘブライ大学教授ユリ・ピネスが指摘するように、一〇年ほど前まで遡《さかのぼ》らなければならない。

二〇〇〇年夏、クリントン米大統領（当時）の仲介によるキャンプデービッド交渉で、「ヨルダン川西岸の九〇％近い領土の返還」「東エルサレムの一部の返還」（いずれも実相はまったく違うものだった）など、バラク首相（当時）による前例のない「寛大な提案」をアラファト自治政府議長（当時）は拒否したばかりか、パレスチナ人住民は「インティファーダ」という「暴力」で応えた――。この認識がユダヤ系市民、とりわけ一九九三年秋の「オスロ合意」以後、「パレスチナ人との和平」に期待を寄せていた、いわゆる〝左派〟〝和平派〟の人びとの間にパレスチナ人への深い絶望感、怒りを生み出した。それは結局、イスラエル社会全体を〝右寄り〟に大きく旋回させ、強硬派〝シャロン政権〟の誕生へとつながっていく。そのイスラエル社会の大きな流れは、一〇年近く経た今も変わっていないことは、二〇〇九年二月に行われたイスラエル総選挙の結果がはっきりと示している。「和平交渉」に消極的な強硬派ネタニヤフの再登場、さらに国内のアラブ系市民の排斥を唱える人種差別主義者と悪名高いリーベルマンが外相に就くほどの〝極右政権〟が誕生する根底には、二〇〇〇年以来のイスラエル社会の〝右旋回〟という大きな流れがあったのである。

しかし、それはパレスチナ・イスラエルをめぐる動きだけが要因ではなかった。これもユリ・ピネスが指摘していることだが、九・一一以後の〝反イスラム〟という欧米を中心とした国際世論の潮流と、それに逆行するかのようなパレスチナ内でのイスラム勢力「ハマス」の台頭が、イスラエル国内に〝反パレスチナ人〟感情をいっそう掻《か》き立て、パレスチナ住民の大きな犠牲を容認する空気を生み出したことは否めない事実である。

イスラエル軍の住民殺戮の背景

三月一九日、イスラエルの有力紙『ハアレツ』は、ガザ攻撃中、無抵抗の市民を射殺したり、意図的に家屋を破壊した実態をイスラエル兵自らが証言したその記事を掲載した。私は日本の新聞で報じられたその記事を目にしたとき、「やっと表に出てきたか」と思った。というのは、第Ⅰ章で記述したように、私自身、一月下旬から三週間に及ぶガザ取材で、兵士たちの住民殺戮の実態を取材していたからである。

先の『ハアレツ』記事に、「現場ではパレスチナ人の命はイスラエル兵の命よりずっと軽い、という空気があった」という分隊長の言葉が記載されている。これはまさにメイル・マーガリットが言う「パレスチナ人の〝非人間化〟」の象徴的な例である。

イスラエル軍兵士の深刻化する〝凶暴さ〟の背景として、社会および軍内部の変化を指摘したのは、ユリ・ピネスだった。ユリによれば、現在のイスラエル国民の中では社会・経済的な格差が広がりつつあり、社会的にも経済的にも取り残され無視されがちな低下層の国民とりわけイスラエル南部や北部、入植地など辺境部の住民は、そのステップ・アップの手段として職業軍人になるケースが増えているという。彼らの多くは、富裕層に多い、「パレスチナ人にも理解を示すリベラルな考え方」とは無縁で、むしろ反発さえ抱いているといわれる。現地で指揮・命令する下級将校にそのような軍人たちが増え、それが兵士たちの行動にも強い影響を及ぼしているというのだ。

もう一つ、最近のイスラエル軍の特徴としてユリが挙げるのは、内部で宗教色が強まっている現実だ。イスラムという宗教色の強いハマスの台頭と呼応するように、イスラエル社会とりわけ軍のなかで宗教色が強まり、反アラブ感情が強まっている。軍の首席ラビ(ユダヤ教の聖職者)はその声明で、「聖なる領土を一インチたりとも与えない」と主張し、「聖戦」を呼びかけたという。また軍の他のラビも、戦争においては、兵士によるパレスチナ人の殺戮を容認する声明を出したといわれる。極端な反アラブで知られる極右のユダヤ教組織の影響が軍の内部にも浸透しつつある——兵士たちの凶暴さの背景には、そのような要素も無視できないとユリは言う。

兵士の〝残虐性〟が社会や軍の空気に起因するという見方の一方で、占領地での兵役の体験から起こる兵士個人の〝道徳心・倫理観、さらには人間性の麻痺〟に起因すると指摘する声もある。占領地における自らの加害体験を公にした元イスラエル軍将兵のグループ「沈黙を破る」代表、ユダ・シャウールである。「世界一道徳的な軍隊」として占領地に送られたイスラエル軍兵士たち。しかしそこで絶対的な権力を手にし、次第に人間性や倫理観、道徳心を失い、〝怪物〟となっていく。それは兵役を終え社会生活に戻った後も消えることなく、個人の思考や行動のパターンの中に深く刻み込まれ、やがてイスラエル社会そのものが病みつつある。「沈黙を破る」の元将兵たちは、その加害の過去を告白し、加害の証言を集め記録して広く知らしめる活動を通して、自らの人間性を蘇生させ、病む社会を〝治療〟していこうとしている。ユダによれば、その証言に応じる元将兵たちの数は最近、急増しているという。これまで年間八〇〜九〇人だった証言者の数は、この半年以内で一〇〇人近く、かつての三倍ほどになり、この四年で七五〇人に達した。二〇〇九年六月にはガザ攻撃に参加し自ら行った加害行為を告白する将兵たちの証言集を出版する予定である。

パレスチナ人住民を〝非人間化〟し、彼らが民主的な選挙で選んだハマスを〝悪魔化〟することで、ガザ攻撃で一四〇〇人近い人命を奪った現実にも道徳心が傷つかないように心を〝鎧《よろい》〟で固めたイスラエル人たち。ユダは、私のドキュメンタリー映画『沈黙を破る』の最後でこう締めくくっている。

「多くのイスラエル人は「セキュリティ（治安・安全保障）、セキュリティ」と口をそろえて言います。自分たちの国を守らなければならない、と。しかしこの国がまもなく、まともな国ではなくなってしまうことに気づいていない。そのうち私たちすべての国民の魂が死んでしまうのです。社会の深いところが死んでしまいつつあるのです。そのことはイスラエルの社会全体に広がっています」

Ⅳ　ガザの復興

人的な被害や家屋の破壊だけではなく、学校、政府関係の施設、さらに産業の基盤などインフラも破壊されたガザ地区の復興は可能だろうか。また住民とりわけ子どもたちに残した心の傷はどのように癒やすことができるのだろうか。

戦闘終結から一カ月半ほどが経った二〇〇九年三月上旬、ガザ復興支援のために国際会議が開かれ、サウジアラビアが一〇億ドル（約九五〇億円）の拠出を申し出るなど、全体で約四五億ドル（約四二八〇〇億円）の拠出が決められた。

しかしこれがガザ復興につながるのか。ＵＮＤＰ（国連開発計画）ガザ代表、**ハーレド・アブドゥルシャーフィー**は懐疑的だ。

「多くの人たちが「復興」を口にします。しかし復興のためには、境界の開放が不可欠です。セメントや鉄骨など建設資材がなくて、破壊された家や道路や学校をどうやって再建できるでしょうか。それは誰にも明らかなことなのに、国際社会にもイスラエルにもそのための行動はまったく見られないのです。

資金は問題ありません。多くの支援国がすでに資金援助を申し出ています。サウジは一〇億ドルの援助を提示しています。しかし復興のための原材料がないのです。そんな状態で一〇億ドルにどんな意味があるというのでしょうか。イスラエルとエジプトに境界を開放するように圧力をかけ、ガザ地区への物資の出入りを可能にする以外にないのです。これが結論です。

それは、経済の再建に不可欠であるばかりか、政治的な再建にも不可欠なのです。ガザ地区の封鎖がこのままの状況で続いたら、近い将来、次の戦争が起きかねません。国際社会がパレスチナ人を支援すると主張するなら、今回の「戦争」の真の原因をき

ハーレド・アブドゥルシャーフィー

ちんとみつめるべきです。そうでないと、さらに犠牲者が増え、さらに破壊が続くからです」

では「真の原因」とは何なのか。ハーレドは「この問題の根源は〝占領〟」と言い切った。

「イスラエルの占領は終結されるべきで、パレスチナ人はその国家を持つべきです。それがこの地域の問題の根源なのです。国際社会は、この現実に面と向かい合うべきです。

たしかにガザ地区から入植者と軍は撤退しました。しかしイスラエルは、ガザを実質的にコントロールしています。つまり空と海と陸の出口を封鎖することによって〝占領〟し続けているのです。国際法の定義によれば、これは〝占領〟です。問題の解決はこの占領を終結することなんです。

「今の状況が続く限り、第二、第三の戦争が起きる」。これが今回の「戦争」から国際社会が導き出すべき結論です。この悲劇を止めたければ、勇気をもって問題の根源の解決に向けて動き出すべきです。そのためにはまず、その根源をみつめ、真の原因を突き止めることです。それは政治的な問題なのです。いま国際社会がやっていることは、自分たちに目隠しをするか、頭を砂の中に埋め、真に何をすべきかを見ないようにしているかのように私には見えます。イスラエルが望むことだけをやり、やるべき重要なことを先送りしているんです」

いまガザの人びとに何が必要なのか。ハーレドは、こう言葉を継いだ。

「国際社会やイスラエルは、ガザ地区のパレスチナ人の問題を「人道支援の問題」にしようとしています。「住民は食べ物を求めている」のだと、まるで動物園の動物に、餌《えさ》を与えるかのように考えている。イスラエルがわずかな食料と燃料を与えれば、

ジョン・ギング

国際社会はそれを「平和な状態」だと勘違いするんです。これは完全に間違っています。ガザの住民にも、他の世界の人たちと同じように、「生活し、発展し、平和に生きていく」権利があるんです。その発展にも条件があります。ガザの封鎖は、人びとから〝人間としての尊厳〟を奪っています。住民は自分でどんな決断もできません。海外に留学することもできない。治療のためにガザ地区の外に出ることもできない。実業家は自由に輸出入もできない。ガザ人口の大半を占める若者たちは、ガザ以外の地域を目にしたことがない。外の世界を見る機会さえないのです。エルサレムとは、実際どういう街なのかもガザの若者たちは知らないのです。これは占領者が生み出した〝人道にかかわる悲劇〟です。人間から基本的な人権を奪っているんです」

　ハーレドが憂慮するのは、国際社会のいわゆる「人道支援」のあり方が、パレスチナ人に及ぼす影響である。

「これまで行われた援助によって、不幸にもガザの住民の中に、援助に依存する心理が作り出されてしまいました。住民を食料配給など援助に慣れさせてしまい、その依存心理を増幅させています。これが住民を〝乞食《こじき》〟にしてしまう。これは非生産的で、発展に逆行する動きです」

　イスラエル軍による三週間のガザ攻撃のさなか、自らガザ地区に留まり、被災者たちの救援活動の陣頭指揮を執ったＵＮＲＷＡ（国連パレスチナ難民救済事業機関）ガザ代表、**ジョン・ギング**もまた、「ガザ住民がかつて持っていた〝尊厳〟の回復」の必要性を説き、そのために〝法の支配〟が不可欠だと強調する。

「ガザ住民は、人間として尊重されるべきです。

その権利は他に乞うべきものではありません。私たちには六〇年前に全世界が決議した「基本的人権は保障されるべきだ」という普遍的な宣言、世界人権宣言があります。もし基本的人権が保護されなければ、人びとは暴力に訴えるしかなくなると宣言は明言しています。もし〝法の支配〟がなければ、人びとは暴力に走ってしまうのです。

もし自分の子どもが殺されたら、どうしますか？まず何よりも、深い悲しみに襲われる。そして激しい怒りを抱くことでしょう。さらに何か行動を起こそうとする。だから欧米諸国や日本のような先進国は、子どもを殺されたパレスチナ人の両親に「どうか、その怒りをおさめてください。ここは〝法の支配〟する社会です。裁判所があり裁判官がいます。その法のシステムによって必ず正義を手にすることができます」と説得する。しかしその〝法の支配〟がなければ、つまり法のシステムによって、子どもが殺されたことに対して正義を手にすることができなければ、他の手段に訴えなければならなくなります。それが人間の自然の反応です。

ガザ地区では、おびただしい数の住民がその人権を侵されています。彼らは世界に〝説明義務〟を求める資格があり、それは妥協すべきことではありません。またガザ住民にはガザ地区内外を移動する自由があるべきです。彼らは決して〝囚人〟のような扱いを受けるべきではありません。そうされるべき罪など、全く犯したわけではないのですから。

ガザ住民には、生活を維持していく権利があります。生活を維持するための産業は破壊されるべきではなく、保護されるべきです。それが普通の人びとの基本的な人権です。

ガザ地区のパレスチナ人が私にこう問いかけます。「もし四〇〇人のイスラエル人が殺されたら、世界はどう反応するだろうか。一方、四〇〇人のパレスチナ人の子どもが殺されたことへの世界の反応はいったい何なのだ！」と」

工場を破壊されたセブン・アップ会社の**モハマド・ヤズギ会長**は、住民の心の内をこう代弁する。

「私たちの心の中は爆発寸前です。私たちの笑顔は、今の状況に無関心だからではないのです。「見せかけの笑み」なのです。住民すべての心の中は怒りで煮えたぎっています。ガザの住民で、身内や親族の誰かを失っていない者はいません。ある者は子どもを失い、母親を失い、さらに家を失い、農作物を失い、車を失い、誰もが、どこでも、何かを失っているのです。

住民は今や、〝爆弾〟のようなものです」

おわりに

私がパレスチナへ向かう決意をしたのは、イスラエル軍によるガザ地区への地上侵攻を知った一月三日だった。その前の一週間、日々膨れ上がるガザ住民の死傷者の数に居ても立ってもいられず、毎日、BBCやCNNなど海外ニュースにかじりついていた。暢気な正月番組に明け暮れる日本のテレビ局からは知りたい情報がほとんど得られなかったからだ。

長年のガザ取材で知り合った人びとの顔が次々と浮かんだ。現地の友人たちに国際電話もかけてみた。しかし靴の上から痒《かゆ》いところを掻くようなもどかしさは払いようがなかった。一方、制作中の映画『沈黙を破る』完成の最終段階で動きがとれない。私は苛立ち、焦った。

しかし地上侵攻は、そんな私の迷いを吹っ切った。ガザ住民の被害がさらに拡大することは目に見えていた。そんな緊急事態の時に、〝パレスチナ〟に育てられた私は、日本に留まってなどいられない。ガザ地区に入れる可能性は薄くても、一歩でもガザに近づきたかった。五六歳の誕生日を翌日に控えた一月七日、私はパレスチナへ向かった。

本書は二〇〇九年一月八日から二月一九日まで約一カ月半、ガザ地区(三週間)とイスラエル(二週間)を取材した報告である。

凄まじい破壊だった。二十数年間のパレスチナ取材の中でもこれほどの攻撃の跡を見たことがない。「ハマスを狙った攻撃」というイスラエル側の主張が虚ろに響く。とりわけ第Ⅰ章で報告したような産業基盤の破壊現場を目の当たりにしたとき、イスラエルの攻撃の狙いは別のところにあったのではと推察せざるをえなかった。私の映像を観たパレスチナ・イスラエル問題研究の第一人者、臼杵陽・日本女子大学教授も「これまでの〝生かさず殺さず〟の植民地主義的なイスラエルの政策から、ガザ地区の破壊・抹殺へと政策を転換したのではないかという印象をもってしまう」と語った。

戦闘終結から五カ月になる今も、イスラエルの厳しい封鎖のために、ガザ地区のインフラの復興はほとんど進んでいない。一方、家族や親族、友人や知人を失った多くのガザ住民の深い悲しみと心の傷は癒えないままだ。ガザ市内の精神科医バーセル・アルハムマールルナはガザ住民が抱えるトラウマ(心の傷)について、私にこう説明した。

「パレスチナ人が直面している最悪の現実は、ずっと続くトラウマです。一九四八年から戦争、殺戮、虐殺が繰り返されて来ました。だからパレスチナ人はやっと一つのトラウマから解放されたと思うと、次のトラウマに襲われ、結局ずっとトラウマは続くことになります。これが、精神科医や心理療法士の仕事を困難にしています。一つの問題を解決できても、すぐに次の戦争が起こり、次のトラウマが起こり、治療がとても難しくなるのです」

今回のガザ攻撃が現地の人びとにもたらした心理的な影響についてもこの精神科医は、こう予言する。

「この戦争は多くのことを変えました。認識のレベルも変えました。パレスチナ人が殺されても、誰も助けようとはせず、世界はただ見ているだけで何もしようとはしない。この状況がパレスチナ人をさらに暴力的にします。この戦争の後は、何も信じられなくなるのです。人権も民主主義も、です。これとは違った考えをするようになる。これが将来、パレスチナ社会に多くの問題を起こすことでしょう」

つまり、パレスチナ人が「人権」も「民主主義」も信じられなくなり、自分たちの問題の解決のための唯一の道は〝暴力〟に訴えることしかないと考えるようになりかねないというのである。

世界のメディアがガザの状況をほとんど伝えなくなった今、国際社会は「もう〝ガザ攻撃〟の問題は終わり、平和が戻った」と胸を撫で下ろしているかもしれない。しかしすべてを失い、将来、生活が改善される見通しも、問題解決の展望もまったく見えないガザ住民の失望や怒りは、その心の奥底に確実にうっ積しつつある。そしてそれが臨界点に達して爆発したとき、それは中東という一地域に限らず、全世界を震撼させる事態に発展するかもしれない。今なお続く〝占領〟下のパレスチナ人の苦悩への世界の〝無関心〟の大きなツケを、いつか私たち自身が払わされる時が来るにちがいない。

二〇〇九年六月・記　　土井敏邦

土井敏邦

1953年佐賀県生まれ．中東専門雑誌の編集記者を経てフリー・ジャーナリスト．1985年以来，パレスチナ・イスラエルの現地を取材，1993年より映像取材も開始し，テレビ各局でパレスチナやアジアに関するドキュメンタリー番組を放映．17年間のパレスチナ・イスラエル取材を元に2009年，ドキュメンタリー映像シリーズ『届かぬ声――パレスチナ・占領と生きる人びと』全4部作を制作，その第4部『沈黙を破る』は劇場公開し，石橋湛山記念・早稲田ジャーナリズム大賞を受賞．2015年に『ガザに生きる』(全5部作)を完成し，大同生命地域研究特別賞を受賞．2022年に映画『愛国の告白――沈黙を破る・Part2』を全国で劇場公開．

著書に『占領と民衆――パレスチナ』(晩聲社)，『「和平合意」とパレスチナ――イスラエルとの共存は可能か』(朝日選書)，『アメリカのパレスチナ人』(すずさわ書店)，『アメリカのユダヤ人』(岩波新書)，『パレスチナ ジェニンの人々は語る――難民キャンプ イスラエル軍侵攻の爪痕』『米軍はイラクで何をしたのか――ファルージャと刑務所での証言から』『パレスチナはどうなるのか』(岩波ブックレット)，『現地ルポ パレスチナの声，イスラエルの声――憎しみの“壁”は崩せるのか』『沈黙を破る――元イスラエル軍将兵が語る“占領”』(岩波書店)など．

ガザの悲劇は終わっていない
――パレスチナ・イスラエル社会に残した傷痕　　岩波ブックレット 762

2009年 7月 7日　第1刷発行
2023年 12月 15日　第3刷発行

著 者　土井敏邦《どいとしくに》

発行者　坂本政謙

発行所　株式会社 岩波書店
〒101-8002 東京都千代田区一ツ橋 2-5-5
電話案内 03-5210-4000　営業部 03-5210-4111
https://www.iwanami.co.jp/booklet/

印刷・製本　法令印刷　　装丁　副田高行　　表紙イラスト　藤原ヒロコ

ISBN 978-4-00-009462-7　　Printed in Japan